课本里的作家

爱阅读
学生精读版
★★★★★

课本里的作家

沙坪小屋的鹅

丰子恺／著

小学语文同步阅读
五年级
彩插精读版

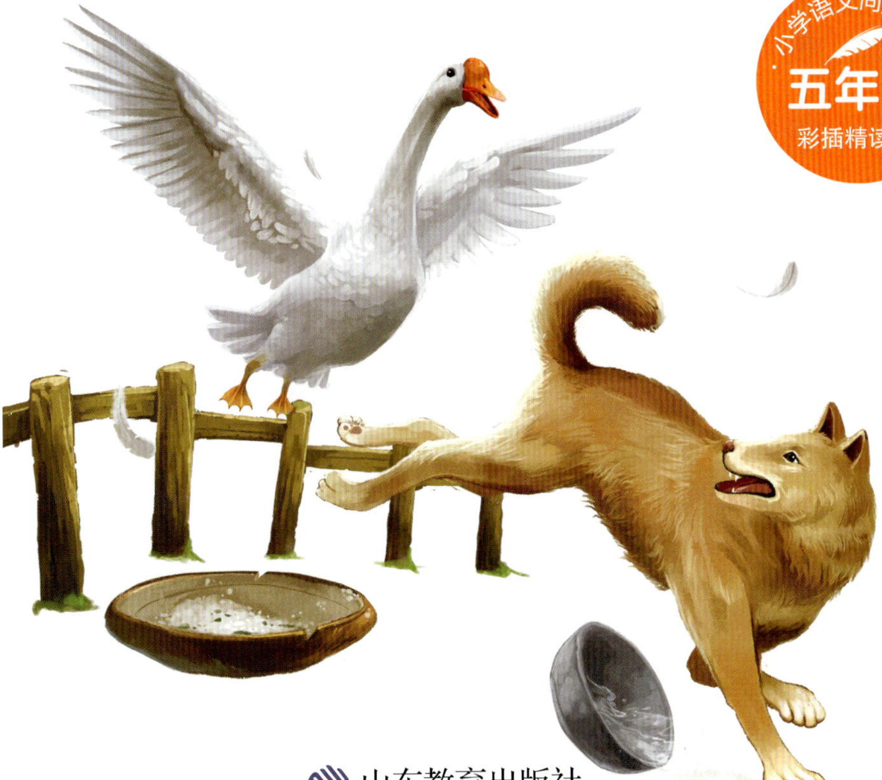

山东教育出版社
·济南·

图书在版编目（CIP）数据

沙坪小屋的鹅 / 丰子恺著 . — 济南 : 山东教育出版社 , 2023.1（2023.3 重印）

（爱阅读 · 课本里的作家）

ISBN 978-7-5701-2347-6

Ⅰ. ①沙… Ⅱ. ①丰… Ⅲ. ①阅读课—小学—教学参考资料 Ⅳ. ①G624.233

中国版本图书馆 CIP 数据核字（2022）第 174786 号

SHAPING XIAO WU DE E

沙坪小屋的鹅

丰子恺　著

主管单位：山东出版传媒股份有限公司

出版发行：山东教育出版社

地址：济南市市中区二环南路 2066 号 4 区 1 号　邮编：250003

电话：（0531）82092600　　网址：www.sjs.com.cn

印　　刷：天津泰宇印务有限公司

版　　次：2023 年 1 月第 1 版

印　　次：2023 年 3 月第 2 次印刷

开　　本：700 mm × 1000 mm　1/16

印　　张：12

字　　数：145 千

定　　价：35.80 元

过年

我幼时不知道阳历，只知道阴历。到了十二月十五，过年的气氛开始浓重起来了。

蝌蚪

洋瓷面盆里盛着大半盆清水，瓜子大小的蝌蚪十数个，抖着尾巴，急急忙忙地游来游去，好像在找寻什么东西。

阿咪

阿咪之父是中国猫，之母是外国猫。故阿咪毛甚长，有似兔子。想是秉承母教之故，态度异常活泼，除睡觉外，竟无片刻静止。

山中避雨

茶越冲越淡，雨越落越大。最初因游山遇雨，觉得扫兴；这时候山中阴雨的一种寂寥而深沉的趣味牵引了我的感兴，反觉得比晴天游山趣味更好。

“桂林山水甲天下”，我没有到桂林时，早已听见这句话。我预先问问到过的人，“究竟有怎样的好？”到过的人回答我，大都说是“奇妙之极，天下少有”。

桂林的山

乘火车

后来不带书了，袖手坐着，旁观车厢里的动静——这是一部活的书，比纸印的书生动得多，精彩得多，真是耐人寻味，百读不厌的！

总序

北京书香文雅图书文化有限公司的李继勇先生与我联系，说他们策划了一套《爱阅读·课本里的作家》丛书，读者对象主要是中小学生，可以作为学生的课外阅读用书，希望我写篇序。作为一名语文教育工作者，在中共中央办公厅、国务院办公厅印发《关于进一步减轻义务教育阶段学生作业负担和校外培训负担的意见》（以下简称“双减”）的大背景下，为学生推荐这套优秀课外读物责无旁贷，也更有意义。

一、“双减”以后怎么办?

“双减”政策对义务教育阶段学生的作业和校外培训作出严格规定。我认为这是一件好事。曾几何时，我们的中小学生作业负担重，不少学生不是在各种各样的培训班里，就是在去培训班的路上。学生“学”无宁日，备尝艰辛；家长们焦虑不安，苦不堪言。校外培训机构为了增强吸引力，到处挖掘优秀教师资源，有些老师受利益驱使，不能安心从教。他们的行为破坏了教育生态，违背了教育规律，严重影响了我国教育改革发展。教育是什么?教育是唤醒，是点燃，是激发。而校外培训的噱头仅仅是提高考试成绩，让学生在中高考中占得先机。他们的广告词是“提高一分，干掉千人”，大肆渲染“分数为王”，在这种压力之下，学生面对的是“分萧萧兮题海寒”，不得不深陷题海，机械刷题。假如只有一部分学生上培训班，提高的可能是分数。但是，如果大多数学生或者所有学生都去上培训班，那提高的就不是分数，而只是分数线。教育的根本任务是立德树人，是培根铸魂，是启智增慧，是让学生的德智体美劳全面发展，是培养社会主义建设者和接班人，是为中华民族伟大复兴提供人才，而不是培养只会考试的“机器”，更不能被资本所“绑架”。所以中央才“出重拳”“放实招”，目的就是要减轻学生过重的课业负担，减轻家长过重的经济和精神负担。

“双减”政策出台后，学生们一片欢呼，再也不用在各种培训班之间来回奔波了，但家长产生了新的焦虑：孩子学习成绩怎么办？而对学校老师来说，这是一个新挑战、新任务，当然也是新机遇。学生在校时间增加，要求老师提升教学水平，科学合理布置作业，同时开展课外延伸服务，事实上是老师陪伴学生的时间增加了。这部分在校时间怎么安排？如何让学生利用好课外时间？这一切考验着老师们的智慧。而开展各种课外活动正好可以解决这个难题。比如：热爱人文的，可以开展阅读写作、演讲辩论，学习传统文化和民风民俗等社团活动；喜爱数理的，可以组织科普科幻、实验研究、统计测量、天文观测等兴趣小组；也可以开展体育比赛、艺术体验（音乐、美术、书法、戏剧……）和劳动教育等实践活动。当然，所有的活动都应以培养学生的兴趣爱好为目的，以自愿参加为前提。学校开展课后服务，可以多方面拓展资源，比如博物馆、图书馆、科技馆、陈列馆、少年宫、青少年活动中心，甚至校外培训机构的优质服务资源，还可组织征文比赛、志愿服务、社会调查等，助力学生全面发展。

二、课外阅读新机遇

近年来，新课标、新教材、新高考成为语文教育改革的热词。我曾经看到一个视频，说语文在中高考中的地位提高了，难度也加大了。这种说法有一定道理，但并不准确。说它有一定道理，是因为语文能力主要指一个人的阅读和写作能力，而阅读和写作能力又是一个人综合素养的体现。语文能力强，有助于学习别的学科。比如数学、物理中的应用题，如果阅读能力上不去，读不懂题干，便不能准确把握解题要领，也就没法准确答题；英语中的英译汉、汉译英题更是考查学生的语言表达能力；历史题和政治题往往是给一段材料，让学生去分析、判断，得出结论，并表述自己的观点或看法。从这点来说，语文在中高考中的地位提高有一定道理。说它不准确，有两个方面的理由：一是语文学科本来就重要，不是现在才变得重要，之所以产生这种错觉，是因为在应试教育的背景下，语文的重要性被弱化了；二是语文考试的难度并没有增加，增加的只是阅读思维的宽度和广度，考查的是阅读理解、信息筛选、应用写作、语言表达、批判性思维、辩证思维等关键能力。可以说，真正的素质教育必须重视语文，因为语文是工具，是基础。不少家长和教师认为课外阅读浪费学习时间，这主要是教育观念问题。他们之所以有这种想法，无非是认为考试才是最终目的，希望孩子可以把更多时间用在刷题上。他们只看到课标和教材的变化，以为考试还是过去那一套，其实，考试评价已发生深刻变革。目前，考试评价改革与新课标、新教材改革是同向同行的，都是围绕立德树人做文章。中共中央、国务院印发的《深化新时代教育评价改革总体方案》明确指出："稳步推进中高考改革，构建引导学生德智体美劳全面发展的考试内容体系，改变相对固化的试题形式，增强试题开放性，减少死记硬背和'机械刷题'现象。"显然就是要用中高考"指挥棒"引领素质教育。新高考招生录取强调"两依据，一参考"，即以高考成绩和高中学业水平考试成绩为依据，以综合素质评价为参考。这也就是说，高考成绩不再是高校选拔新生的唯一标准，不只看谁考的分数高，而是看谁更有发展潜力、更有创造性，综合素质更高，从而实现由"招分"向"招人"的转变。而这绝不是仅凭一张高考试卷能够区分出来的，"机械刷题"无助于全面发展，必须在课内学习的基础上，辅之以内容广泛的课外阅读，才能全面提高综合素养。

三、"爱阅读"助力成长

这套《爱阅读·课本里的作家》丛书是为中小学生读者量身打造的，符合《义务教育语文课程标准》倡导的"好读书、读好书、读整本的书"的课改理念，可以作为学生课内学习的有益补充。我一向认为，要学好语文，一要读好三本书，二要写好两篇文，三要养成四个好习惯。三本书指"有字之书""无字之书""心灵之书"，两篇文指"规矩文"和"放胆文"，四个好习惯指享受阅读的习惯、善于思考的习惯、乐于表达的习惯和自主学习的习惯。古人说"读万卷书，行万里路"，实际上就是要处理好读书与实践的关系。对于中小学生来说，读书首先是读好"有字之书"。"有字之书"，有课本，有课外自读课本，还有"爱阅读"这样的课外读物。读书时我们不能眉毛胡子一把抓，要区分不同的书，采取不同的读法。一般说来，读法有精读，有略读。精读需要字斟句酌，需要咬文嚼字，但费时费力。当然也不是所有的书都需要精读，可以根据自己的需要决定精读还是略读。新课标提倡中小学生进行整本书阅读，但是学生往往不能耐着性子读完一整本书。新课标提倡的整本书阅读，主要是针对过去的单篇教学来说的，并不是说每本书都要从头读到尾。教材设计的练习项目也是有弹性的、可选择的，不可能有统一的"阅读计划"。我的建议是，整本书阅读应把精读、略读与浏览结合起来，精读重在示范，略读重在博览，浏览略观大意即可，三者相辅相成，不宜偏于一隅。不仅如此，学生还可以把阅读与写作、读书与实践、课内与课外结合起来。整本书阅读重在掌握阅读方法，拓展阅读视野，培养读书兴趣，养成阅读习惯。

再说写好两篇文。学生读得多了，素养提高了，自然有话想说，有自己的观点和看法要发表。发表的形式可以是口头的，也可以是书面的，书面表达就是写作。写好两篇文，一篇规矩文，一篇放胆文。规矩文重打基础，放胆文更见才气。规矩文要求练好写作基本功，包括审题、立意、选材、构思等，同时还要掌握记叙文、议论文、说明文、应用文的基本要领和写作规范。规矩文的写作要在教师的指导下进行。放胆文则鼓励学生放飞自我、大胆想象，各呈创意、各展所长，尤其是展现自己的写作能力、语言表达能力、批判性思维能力和辩证思维能力。放胆文的写作可以多种多样，除了大作文，也可以写小作文。有兴趣的学生还可以进行文学创作，写诗歌、小说、散文、剧本等。

学习语文还要养成四个好习惯。第一，享受阅读的习惯。爱阅读非常重要，每个同学都应该有自己的个性化书单。有的同学喜欢网络小说也没有关系，但需要防止沉迷其中，钻进“死胡同”。这套《爱阅读·课本里的作家》丛书，给中小学生课外阅读提供了大量古今中外的名家名作。第二，善于思考的习惯。在这个大众创业、万众创新的时代，创新人才的标准，已不再是把已有的知识烂熟于心，而是能够独立思考，敢于质疑，能够自己去发现问题、提出问题和解决问题，需要具有探究质疑能力、独立思考能力、批判性思维和辩证思维能力。第三，乐于表达的习惯。表达的乐趣在于说或写的过程，这个过程比说得好、写得完美更重要。写作形式可以不拘一格，比如作文、日记、笔记、随笔、漫画等。第四，自主学习的习惯。我的地盘我做主，我的语文我做主。不是为老师学，也不是为父母长辈学，而是为自己的精神成长学，为自己的未来学。

愿广大中小学生能借助这套《爱阅读·课本里的作家》丛书，真正爱上阅读，插上想象的翅膀，飞向未来的广阔天地！

顾之川

我爱读课文

课本作家作品

我爱读课文

原文赏读

白　鹅

体　　裁：散文
作　　者：丰子恺
创作时间：当代
作品出处：部编版四年级语文（下册）
内容简介：本文从鹅“严肃庄重”的音调，“大模大样”的步态和“三眼一板，一丝不苟”的吃相写出了它“高傲”的性格特征。

读前导航

阅读准备

丰子恺是一位卓有成就的文艺大师，以创作漫画及散文而著名。他的散文，在中国新文学史上有较大的影响，大多叙述他自己亲身经历的生活和日常接触的人或事，文风朴实自然。因为他是同辈中唯一的男孩子，所以他自小时候便被包围在温情中，使他总是以温柔悲悯的心来看待事物，发散在他的笔下，慢慢形成了平易的文字和纯真的画风。

丰子恺在散文创作中，加入了漫画的元素，结合平常的字句，逐渐形成了“诗中有画，画中有诗”的意境。另外，他的文字有一种朴实而又明亮的“味道”，是典型的随笔散文，既真率自然，又妙趣横生。

目标我知道

学习目标	会写“吠、促、颇、剧”等生字 会认“看、嚣、吭、奢、侈、窥”等生字 会写“即将、姿态”等词语
学习重点	体会作者是如何把鹅的特点写清楚的 感受作者写作用词的幽默和准确，体会语言的趣味
学习难点	看似贬义的语句中体会作家对白鹅的喜爱之情

精彩赏读

课本原文

白　鹅

①这白鹅，是一位即将远行的朋友送给我的。我抱着这雪白的“大鸟”回家，放在院子里。它伸长了头颈，左顾右盼[1]，我一看这姿态，想道：“好一个高傲的动物！”

【第一部分（第①段）：交代了鹅的来历，以及它给作者留下的第一印象。】

②鹅的高傲，更表现在它的叫声、步态和吃相中[2]。

③鹅的叫声，音调严肃郑重，似厉声呵斥[3]。它

[1] 通过动作描写，表现出鹅的高傲。

【高傲】自以为了不起，看不起人。

[2] 全文的中心句，统领全文。

[3] 本段的中心句。

的旧主人告诉我：养鹅等于养狗，它也能看守门户。后来我看到果然如此：凡有生客进来，鹅必然厉声叫嚣；甚至篱笆外有人走路，它也要引吭大叫，不亚于狗的狂吠。

【段解：刻画了鹅“严肃郑重”的音调。】

【大模大样】用来形容傲慢、满不在乎的样子。

[1] 对比、比喻。将鹅与鸭的步调进行了对比，把鹅比作京剧里的净角出场，突出鹅的高傲。

④鹅的步态，更是傲慢了。大体上与鸭相似，但鸭的步调急速，有局促不安之相；鹅的步调从容，大模大样的，颇像京剧里的净角出场[1]。它常傲然地站着，看见人走来也毫不相让；有时非但不让，竟伸过颈子来咬你一口。

【段解：写了鹅步态的傲慢。】

⑤鹅的吃饭，常常使我们发笑。我们的鹅是吃冷饭的，一日三餐。它需要三样东西下饭：一样是水，一样是泥，一样是草。先吃一口冷饭，再喝一口水，然后再到别处去吃一口泥和草。大约这些泥和草也有各种可口的滋味。这些食料并不奢侈；但它的吃法，三眼一板，一丝不苟。譬如吃了一口饭，倘若水盆放在远处，它一定从容不迫地大踏步走上前去，饮一口水，再大踏步走去吃泥、吃草。吃过泥和草再回来吃饭。

【段解：写了鹅让“我们”发笑的吃饭方式。】

【堂倌】在旧时用于称呼饭馆、茶馆或酒店里的招待人员。

⑥这样从容不迫地吃饭，必须有一个人在旁侍候，像饭馆里的堂倌一样。因为附近的狗，都知道我们这

位鹅老爷[1]的脾气，每逢它吃饭的时候，狗就躲在篱边窥伺。等它吃过一口饭，踏着方步去喝水、吃泥、吃草的当儿，狗就敏捷地跑过来，努力地吃它的饭。鹅老爷偶然早归，伸颈去咬狗，并且厉声叫骂，狗立刻逃往篱边，蹲着静候；看它再吃了一口饭，再走开去喝水、吃泥、吃草的时候，狗又敏捷地跑上来，把它的饭吃完，扬长而去[2]。等到鹅再来吃饭的时候，饭罐已经空空如也。鹅便昂首大叫，似乎责备人们供养不周。这时我们便替它添饭，并且站着侍候。因为邻近狗很多，一狗方去，一狗又来蹲着窥伺了。

[1] 表现了作者对鹅的喜爱之情。

【窥伺】是指暗中观望动静，等待机会，多含贬义。

[2] 对比。突出了鹅的“老爷”范。

【侍候】是指在别人身边供使唤，照料别人的饮食起居。

【段解：写了鹅吃饭时需要人侍候的有趣场面。】

⑦我们不胜其烦，以后便将饭罐和水盆放在一起，免得它走远去，让鸡、狗偷饭吃。然而它所必需的泥和草，所在的地点远近无定。为了找这些食物，它仍是要走远去的。因此鹅吃饭时，非有一个人侍候不可，真是架子十足！

【段解：写了鹅吃饭时需要人伺候的原因。】

【第二部分（②—⑦段）：从鹅的叫声、步态和吃相三个方面表现鹅的高傲。】

作品赏析

在《白鹅》这篇课文中，作者重点表现的是白鹅的性格特点——高傲。刚把这只鹅抱回家时，从“伸长了头颈”“左顾右盼”的姿态中，留下了最初的“高傲”印象。继而以“鹅的高傲，更表现在它的叫声、步态和吃相中”这一过渡段统领全文，细致地刻画了鹅“严肃郑重”的声调，“大模大样”的步态和“三眼一板、一丝不苟”的吃相。作者善于运用对比的方法来突出鹅“高傲”的特点，善于采用“看贬实褒”的表达方式，使人如闻其声，如见其形，表达对白鹅的喜爱之情。

积累与表达

字词我来记

会写的字

fèi	部首	笔画	结构	造字	组词
吠	口	7	左右	会意	犬吠　狂吠
	辨字	犬（猎犬　犬子）　状（现状　状态）			
字义	（狗）叫。				
造句	小明家养了只狗，生人一进门，它就狂吠不止。				

cù	部首	笔画	结构	造字	组词
促	亻	9	左右	形声	督促　促进
	辨字	捉（捉住　捉拿）　使（出使　使者）			
字义	1. 时间短。2. 催；推动。3. 靠近。				
造句	老师催促我们赶紧写作业。				

pō	部首	笔画	结构	造字	组词
颇	皮	11	左右	形声	偏颇　颇具影响
	辨字	顽（顽固　顽皮）　颈（脖颈　颈联）			
字义	1. 偏，不正。2. 很，相当的。				
造句	我心中颇为满意。				

<table>
<tr><td>jù</td><td>部首</td><td>笔画</td><td>结构</td><td>造字</td><td>组词</td></tr>
<tr><td rowspan="2">剧</td><td>刂</td><td>10</td><td>左右</td><td>形声</td><td>剧情　电视剧</td></tr>
<tr><td>辨字</td><td colspan="4">据（根据　据理力争）　锯（电锯　锯断）</td></tr>
<tr><td>字义</td><td colspan="5">1. 戏剧。2. 猛烈；厉害。</td></tr>
<tr><td>造句</td><td colspan="5">我们都喜欢看电视剧。</td></tr>
</table>

<table>
<tr><td>gǒu</td><td>部首</td><td>笔画</td><td>结构</td><td>造字</td><td>组词</td></tr>
<tr><td rowspan="2">苟</td><td>艹</td><td>8</td><td>上下</td><td>形声</td><td>苟且　苟活</td></tr>
<tr><td>辨字</td><td colspan="4">苞（花苞　含苞待放）　苛（苛责　苛刻）</td></tr>
<tr><td>字义</td><td colspan="5">1. 姑且；暂且。2. 草率；随便。</td></tr>
<tr><td>造句</td><td colspan="5">他做事一丝不苟。</td></tr>
</table>

<table>
<tr><td>pì</td><td>部首</td><td>笔画</td><td>结构</td><td>造字</td><td>组词</td></tr>
<tr><td rowspan="2">譬</td><td>言</td><td>20</td><td>上下</td><td>形声</td><td>譬如　比譬</td></tr>
<tr><td>辨字</td><td colspan="4">壁（墙壁　壁炉）　璧（玉璧　白璧）</td></tr>
<tr><td>字义</td><td colspan="5">比喻，比方。</td></tr>
<tr><td>造句</td><td colspan="5">花园里有很多花，譬如玫瑰、茉莉等。</td></tr>
</table>

<table>
<tr><td>shì</td><td>部首</td><td>笔画</td><td>结构</td><td>造字</td><td>组词</td></tr>
<tr><td rowspan="2">侍</td><td>亻</td><td>8</td><td>左右</td><td>形声</td><td>侍候　侍卫</td></tr>
<tr><td>辨字</td><td colspan="4">待（等待　待着）　诗（古诗　诗歌）</td></tr>
<tr><td>字义</td><td colspan="5">服侍，侍候，在旁边陪着。</td></tr>
<tr><td>造句</td><td colspan="5">古代皇宫里有很多侍卫。</td></tr>
</table>

<table>
<tr><td>guǎn</td><td>部首</td><td>笔画</td><td>结构</td><td>造字</td><td>组词</td></tr>
<tr><td rowspan="2">馆</td><td>饣</td><td>11</td><td>左右</td><td>形声</td><td>旅馆　饭馆</td></tr>
<tr><td>辨字</td><td colspan="4">棺（棺木　棺材）　官（官员　当官）</td></tr>
<tr><td>字义</td><td colspan="5">1. 某些服务性场所的名称。2. 收藏、陈列文物或进行文体活动的场所。3. 招待宾客居住的房屋。</td></tr>
<tr><td>造句</td><td colspan="5">这周末老师带我们去博物馆参观。</td></tr>
</table>

<table>
<tr><td>fù</td><td>部首</td><td>笔画</td><td>结构</td><td>造字</td><td>组词</td></tr>
<tr><td rowspan="2">附</td><td>阝</td><td>7</td><td>左右</td><td>形声</td><td>附录　附着</td></tr>
<tr><td>辨字</td><td colspan="4">咐（吩咐　嘱咐）　付（付费　付出）</td></tr>
<tr><td>字义</td><td colspan="5">1. 外加的；附带的。2. 靠近；贴近。3. 依附；附从。</td></tr>
<tr><td>造句</td><td colspan="5">这本书的附录不见了。</td></tr>
</table>

<table>
<tr><td>pí</td><td>部首</td><td>笔画</td><td>结构</td><td>造字</td><td>组词</td></tr>
<tr><td rowspan="2">脾</td><td>月</td><td>12</td><td>左右</td><td>形声</td><td>脾气　脾脏</td></tr>
<tr><td>辨字</td><td colspan="4">牌（名牌　牌子）　碑（石碑　墓碑）</td></tr>
<tr><td>字义</td><td colspan="5">人和高等动物的内脏之一，椭圆形，赤褐色，是个淋巴器官，也是血库。</td></tr>
<tr><td>造句</td><td colspan="5">语文老师脾气很好。</td></tr>
</table>

<table>
<tr><td>mǐn</td><td>部首</td><td>笔画</td><td>结构</td><td>造字</td><td>组词</td></tr>
<tr><td rowspan="2">敏</td><td>攵</td><td>11</td><td>左右</td><td>形声</td><td>敏感　敏锐</td></tr>
<tr><td>辨字</td><td colspan="4">梅（梅花　话梅）　海（大海　海水）</td></tr>
<tr><td>字义</td><td colspan="5">1. 疾速；敏捷。2. 聪明；机警。</td></tr>
<tr><td>造句</td><td colspan="5">他动作很敏捷。</td></tr>
</table>

<table>
<tr><td>jié</td><td>部首</td><td>笔画</td><td>结构</td><td>造字</td><td>组词</td></tr>
<tr><td rowspan="2">捷</td><td>扌</td><td>11</td><td>左右</td><td>形声</td><td>敏捷　快捷</td></tr>
<tr><td>辨字</td><td colspan="4">睫（睫毛）　凄（凄凉　凄惨）</td></tr>
<tr><td>字义</td><td colspan="5">1. 快。2. 战胜。</td></tr>
<tr><td>造句</td><td colspan="5">成功是没有捷径的。</td></tr>
</table>

<table>
<tr><td>áng</td><td>部首</td><td>笔画</td><td>结构</td><td>造字</td><td>组词</td></tr>
<tr><td rowspan="2">昂</td><td>日</td><td>8</td><td>上下</td><td>形声</td><td>昂扬　昂首</td></tr>
<tr><td>辨字</td><td colspan="4">最（最好　最快）　仰（仰首　仰起）</td></tr>
<tr><td>字义</td><td colspan="5">1. 仰，高抬。2.（价钱）高。3. 精神振奋。</td></tr>
<tr><td>造句</td><td colspan="5">他昂首挺胸地走上了讲台。</td></tr>
</table>

gōng	部首	笔画	结构	造字	组词
供	亻	8	左右	形声	供给　供应
	辨字	洪（洪水　泄洪）　拱（拱起　拱手）			
字义	提供东西或条件给需要的人应用。				
造句	供养老人是中国的传统美德。				

tiān	部首	笔画	结构	造字	组词
添	氵	11	左右	形声	添堵　增添
	辨字	舔（舔干净　舔盘子）			
字义	增添，增加。				
造句	我们要孝敬父母，别给他们添堵。				

会认的字

kàn	组词
看	看书　看见

xiāo	组词
嚣	嚣张　叫嚣

háng	组词
吭	引吭高歌

shē	组词
奢	奢侈　奢华

chǐ	组词
侈	奢侈　侈靡

kuī	组词
窥	窥探　窥见

多音字

迫
- pò（迫切）（急迫）
- pǎi（迫击炮）

辨析：“迫”只有在“迫击炮”一词中读“pǎi”，指从炮口装弹，以曲射为主的火炮。其余情况都读“pò”。

近义词

高傲—傲慢　　严肃—严厉　　从容—镇静

反义词

从容—慌乱　　奢侈—俭朴　　偶然—必然

日积月累

1. 鹅的叫声，音调严肃郑重，似厉声呵斥。

2. 大体上与鸭相似，但鸭的步调急速，有局促不安之相；鹅的步调从容，大模大样的，颇像京剧里的净角出场。

3. 鹅的吃饭，常常使我们发笑。我们的鹅是吃冷饭的，一日三餐。它需要三样东西下饭：一样是水，一样是泥，一样是草。

读后感想

读《白鹅》有感

今天，我们在学校学习了丰子恺的散文《白鹅》。在这篇文章中，丰子恺将鹅的叫声、步态和吃相描写得生动形象，让我们看到了一只高傲的白鹅。

作者通过对鹅生活中一系列的动作描写，并加入少量家人语言和自己心情的描写，使一只白鹅活生生地站在了我们的面前。

丰子恺笔下的白鹅极其传神。它叫声十分严肃，甚至有厉声呵斥。它还可以像狗一样看守门户：它见了任何人，都会厉声呵斥，有时还会使劲地咬。白鹅吃饭时，一向需要水、泥和草。它先吃一口冷饭，再喝一口水，然后再吃一口泥和草。不管在什么情况，它吃饭的规矩都是不会改变的。如果有谁来偷吃它的饭，它一定会使劲地咬它。而这白鹅的步态，更是傲慢了。它步调从容，大模大样的，颇像京剧里的净角出场，傲然地站着，看见人根本不让，有时非但不让，竟还会咬那个人几口。

通过这篇文章，我想，以后我也要细心观察身边的一草一木，在写文章时，也要把事物写活，给读者留下深刻的印象。

精彩语句

白鹅吃饭时，一向需要水、泥和草。它先吃一口冷饭，再喝一口水，然后再吃一口泥和草。

形象地描述了白鹅吃饭时的样子，简短的语言把白鹅吃饭的情景刻画得淋漓尽致。

妙笔生花

读了丰子恺的《白鹅》，你有想写的动物朋友吗？动动手中的笔，写一写吧！

知识乐园

一、比一比，再组词。

促（　　）　剧（　　）　苟（　　）　脾（　　）
捉（　　）　据（　　）　苞（　　）　牌（　　）

二、写出相应的词语，各写三个。

1. 形容认真的词语：________________
2. 形容一无所有的词语：________________
3. “左～右～”式词语：________________
4. “大～大～”式词语：________________

三、选字填空。

傲然　　急速　　颈子　　从容　　傲慢

鹅的步态，更是________了。大体上与鸭相似，但鸭的步调______，有局促不安之相；鹅的步调______，大模大样的，颇像京剧里的净角出场。它常______地站着，看见人走来也毫不相让；有时非但不让，竟伸过_____来咬你一口。

四、写出几个倒顺词。

如：邻近——近邻

____

____

五、想一想作者是从白鹅的哪些特点来写白鹅的？

____

____

手 指

体　　裁：散文

作　　者：丰子恺

创作时间：现代

作品出处：部编版五年级语文（下册）

内容简介：本文用风趣幽默的语言和拟人化的手法，生动地刻画了五根手指的形象，虽各有所长，又各有所短，但只要能团结一致，那就会根根有用，根根有力量。是一个整体，也就不需再分强弱和美丑了。

读前导航

目标我知道

学习目标	会写“拇、搔、痒、秽”等生字 会认“掀、窈、薄”等生字 会写“拇指、接触”等词语 读准多音字“薄”
学习重点	阅读中，能体会本篇课文语言的风趣
学习难点	能由文中的拇指和食指联想到生活中类似的人，懂得团结才是力量的道理

精彩赏读

课本原文

手 指

①我们每个人，都随时随地随身带着十根手指，永不离身。一只手上的五根手指，各有不同的姿态，各具不同的性格，各有所长，各有所短。

【姿态】姿势；样儿。

【第一部分（第①段）：开门见山地指出我们每个人都有十根手指，一只手上的五根手指各有所长，也各有所短。】

②大拇指在五指中，形状实在算不上美。身材矮而胖，头大而肥，构造简单，比人家少一个关节[1]。但在五指中，却是最肯吃苦的。例如拉胡琴，总由其他四指按弦，却叫他相帮扶住琴身；水要喷出来，叫他死力抵住；血要流出来，叫他拼命按住；重东西要翻倒去，叫他用劲顶住；要读书了，叫他翻书页；要进门了，叫他揿电铃。讨巧的事，却轮不上他。例如招呼人，都由其他四指上前点头，他只能呆呆站在一旁；给人搔痒，人舒服后，感谢的是其他四指。

[1] 拟人。语言风趣幽默，使原本没有生命的大拇指变得像生活中可见的人一样，使人感到亲切。

③常与大拇指合作的是食指。他的姿态可不如其他三指窈窕，都是直直落落的强硬的线条[2]。他的工作虽不如大拇指吃力，却比大拇指复杂。拿笔的时候，全靠他推动笔杆；遇到危险的事，都要他去试探或冒

[2] 对比。将食指与除大拇指以外的其他三指对比来写，突出食指的外形特点。

险；秽物、毒物、烈物，他接触的机会最多；刀伤、烫伤、轧伤、咬伤，他消受的机会最多。[1]他具有大拇指所没有的“机敏”，打电话、扳枪机必须请他，打算盘、拧螺丝、解纽扣等，虽有大拇指相助，终是要他主干的。

④五指中地位最优、相貌最堂皇的，无如中指。他居于中央，左右都有屏障[2]。他个子最高，无名指、食指贴身左右，像关公左右的关平、周仓，左膀右臂，片刻不离。他永远不受外物冲撞，所以曲线优美，处处显示着养尊处优的幸福。每逢做事，名义上他是参加的，实际并不出力。他因为身体最长，取物时，往往最先碰到物，好像取得这物是他一人的功劳。其实，他碰到之后就退在一旁，让大拇指和食指去出力，他只是在旁略为扶衬而已。

⑤无名指和小指，体态秀丽，样子可爱。然而，能力薄弱也无过于他们了。无名指多用于研脂粉、蘸药末、戴戒指。小指的用处则更渺小，只是掏掏耳朵、抹抹鼻涕而已。他们也有被重用的时候。在丝竹管弦上，他们的能力不让于别人。舞蹈演员的手指不是常作兰花状吗？这两根手指正是这朵“兰花”中最优美的两瓣。除了这等享乐的风光事以外，遇到工作，他们只是其他手指的附庸。

【第二部分（②－⑤段）：具体描写了五根手指的形态、作用和性格。】

[1]举例子。写出食指的作用。

[2]比喻。语言富有趣味，使中指的形象显得格外鲜活。

【养尊处优】处在尊贵的地位，过着优越的生活。

【扶衬】扶助；衬托。

【丝竹】琴、瑟、萧、笛等乐器的总称（“丝”指弦乐器，“竹”指管乐器），也借指音乐。

【附庸】泛指依附于其他事物而存在的事物。文中是指无名指和小指遇到工作时就只能依附于其他几根手指。

⑥手上的五指，我只觉得姿态与性格，有如上的差异，却无爱憎在其中。手指的全体，同人群的全体一样，五根手指如果能一致团结，成为一个拳头，那就根根有用，根根有力量，不再有什么强弱、美丑之分了。

【第三部分（第⑥段）：总结全文，并阐明一个道理，即人群的全体就如同五根手指，团结才有力量。】

作品赏析

本文语言风趣幽默，感染力强，使用拟人化的手法，生动地刻画了五根手指的鲜明形象，各有所长也各有所短，但只要能一致团结，就有力量，就能发挥作用。把事物当作人来写，其实就是把事物人格化，使其具有人的思想感情和言谈举止，这就是一种拟人化的表达方法。本文通篇将手指当作人来写，赋予每个手指各自不同的鲜明的外在特征和性格特点，将我们习以为常的手指刻画得栩栩如生。

积累与表达

字词我来记

会写的字

<table>
<tr><td>mǔ</td><td>部首</td><td>笔画</td><td>结构</td><td>造字</td><td>组词</td></tr>
<tr><td rowspan="2">拇</td><td>扌</td><td>8</td><td>左右</td><td>形声</td><td>拇指　大拇指</td></tr>
<tr><td>辨字</td><td colspan="4">母（母爱　母亲河）　姆（保姆）</td></tr>
<tr><td>字义</td><td colspan="5">拇指，手和脚的大指。</td></tr>
<tr><td>造句</td><td colspan="5">小明这学期学习特别用功，同学们知道后纷纷向他竖起了大拇指。</td></tr>
</table>

<table>
<tr><td>sāo</td><td>部首</td><td>笔画</td><td>结构</td><td>造字</td><td>组词</td></tr>
<tr><td rowspan="2">搔</td><td>扌</td><td>12</td><td>左右</td><td>形声</td><td>隔靴搔痒　搔首踟蹰</td></tr>
<tr><td>辨字</td><td colspan="4">骚（骚乱　骚人墨客）　蚤（跳蚤）</td></tr>
<tr><td>字义</td><td colspan="5">用指甲挠。</td></tr>
<tr><td>造句</td><td colspan="5">隔靴搔痒的处理方式根本起不到作用。</td></tr>
</table>

<table>
<tr><td>yǎng</td><td>部首</td><td>笔画</td><td>结构</td><td>造字</td><td>组词</td></tr>
<tr><td rowspan="2">痒</td><td>疒</td><td>11</td><td>半包围</td><td>形声</td><td>痒痒　无关痛痒</td></tr>
<tr><td>辨字</td><td colspan="4">氧（氧气　输氧）　洋（海洋　洋气）</td></tr>
<tr><td>字义</td><td colspan="5">皮肤或黏膜受刺激时引起的想挠的感觉。</td></tr>
<tr><td>造句</td><td colspan="5">这是一件无关痛痒的小事。</td></tr>
</table>

<table>
<tr><td>huì</td><td>部首</td><td>笔画</td><td>结构</td><td>造字</td><td>组词</td></tr>
<tr><td rowspan="2">秽</td><td>禾</td><td>11</td><td>左右</td><td>形声</td><td>污秽　自惭形秽</td></tr>
<tr><td>辨字</td><td colspan="4">岁（岁数　岁月）　锣（铜锣　锣鼓）</td></tr>
<tr><td>字义</td><td colspan="5">1. 肮脏。2. 丑恶；丑陋。</td></tr>
<tr><td>造句</td><td colspan="5">大可不必自惭形秽，每个人都有自己独特的闪光点。</td></tr>
</table>

<table>
<tr><td>yà</td><td>部首</td><td>笔画</td><td>结构</td><td>造字</td><td>组词</td></tr>
<tr><td rowspan="2">轧</td><td>车</td><td>5</td><td>左右</td><td>形声</td><td>轧棉花　倾轧</td></tr>
<tr><td>辨字</td><td colspan="4">斩（斩钉截铁）　扎（稳扎稳打　安营扎寨）</td></tr>
<tr><td>字义</td><td colspan="5">1. 圆轴或轮子等在东西上面滚压。2. 排挤。</td></tr>
<tr><td>造句</td><td colspan="5">这次，她希望可以看到轧棉花。</td></tr>
</table>

<table>
<tr><td>nǐng</td><td>部首</td><td>笔画</td><td>结构</td><td>造字</td><td>组词</td></tr>
<tr><td rowspan="2">拧</td><td>扌</td><td>8</td><td>左右</td><td>形声</td><td>拧开　拧巴</td></tr>
<tr><td>辨字</td><td colspan="4">泞（泥泞不堪　路泞难行）　咛（叮咛）</td></tr>
<tr><td>字义</td><td colspan="5">1. 扭转，控制住东西的一部分而转动其余部分。2. 相反，颠倒，错。</td></tr>
<tr><td>造句</td><td colspan="5">拧不开，就找人帮忙，不用那么拧巴。</td></tr>
</table>

luó	部首	笔画	结构	造字	组词
螺	虫	17	左右	形声	田螺　钉螺
	辨字	骡（骡马　骡子）　累（日积月累　累及）			
字义	1.软体动物，有硬壳，壳上有旋纹，种类很多。2.同“腡(luo)”，手指纹。				
造句	今天谁扮演了好心的田螺姑娘。				

niǔ	部首	笔画	结构	造字	组词
纽	纟	7	左右	形声	纽扣　秤纽
	辨字	妞（妞妞）　扭（扭伤　七扭八歪）			
字义	1.纽扣，可以扣合衣物的球状物或片状物。2.器物上可以提起或系挂的部分。				
造句	奶奶正在往衣服上缝纽扣呢。				

kòu	部首	笔画	结构	造字	组词
扣	扌	6	左右	形声	扣子　螺丝扣
	辨字	扫（打扫　一扫而光）　和（温和　和风细雨）			
字义	1.衣纽。2.从中减除。3.螺纹。				
造句	扣子有很多种类，要根据布料的不同来搭配。				

mào	部首	笔画	结构	造字	组词
貌	豸	14	左右	会意	面貌　貌合神离　全貌
	辨字	豹（雪豹　管中窥豹）			
字义	1.相貌，长相。2.外表，表面。引申为样子。				
造句	年轻人那富有朝气的精神面貌很感染人。				

cāng	部首	笔画	结构	造字	组词
仓	人	4	上下	象形	粮仓　暗度陈仓
	辨字	苍（苍天　白发苍苍）　沧（沧海桑田　饱经沧桑）			
字义	收藏谷物的建筑物。				
造句	为了家里的粮仓能满满的，每家都不辞辛苦地劳作着。				

miǎo	部首	笔画	结构	造字	组词
渺	氵	12	左右	形声	渺小　烟波浩渺
	辨字	沙（流沙　飞沙走石）　缈（缥缈）			
字义	1. 微小。2. 水势辽远。				
造句	站在大海边，才发现自己有多渺小。				

xiǎng	部首	笔画	结构	造字	组词
享	亠	8	上下	象形	享受　分享
	辨字	亨（亨通）　亭（亭子　亭台）			
字义	享受，受用。				
造句	我们的人生不应该贪图享受。				

yōng	部首	笔画	结构	造字	组词
庸	广	11	半包围	会意	庸庸碌碌　毋庸置疑
	辨字	唐（唐朝　唐人街）　康（健康　康庄大道）			
字义	1. 平常，不高明的。2. 用。3. 岂，怎么。				
造句	人可以平凡，但不能庸庸碌碌。				

zēng	部首	笔画	结构	造字	组词
憎	忄	15	左右	形声	令人憎恶　爱憎分明
	辨字	增（增益　有增无减）　赠（赠予　相赠）			
字义	厌恶，嫌，跟“爱”相对。				
造句	他的爱憎分明的性格很鲜明。				

会认的字

qìn	组词
揿	揿电铃

yǎo	组词
窈	窈窕

bó	组词
薄	薄弱 单薄

多音字

薄
- báo（薄饼）（薄片）
- bó （薄礼）（薄雾）
- bò （薄荷）

辨析：表示“扁平物体上下两个面之间的距离较小，跟‘厚’相对”“（味道）淡”等时，读“báo”。多用于合成词或成语；表示“轻微，少”“不庄重”等时，读“bó”；在“薄荷”一词中读“bò”。

近义词

渺小—微小　　差异—差别　　姿态—姿势　　薄弱—脆弱

反义词

强硬—软弱　　机敏—迟钝　　渺小—伟大

接触—隔离　　享乐—吃苦　　养尊处优—含辛茹苦

日积月累

1. 无名指和小指，体态秀丽，样子可爱。然而，能力薄弱也无过于他们了。

2. 舞蹈演员的手指不是常作兰花状吗？这两根手指正是这朵“兰花”中最优美的两瓣。

3. 手指的全体，同人群的全体一样，五根手指如果能一致团结，成为一个拳头，那就根根有用，根根有力量，不再有什么强弱、美丑之分了。

读后感想

读《手指》有感

读了丰子恺爷爷的《手指》，我对手指有了新的认识。每个人都有十根手指，每只手上的五根手指有的长、有的短、有的粗、有的细，他们有着不同姿态和性格，分散着看不出有什么特长，但只要他们握成一个拳头，就感觉充满了力量。

《手指》这篇文章告诉了我们一个道理：团结就是力量。有一次，学校里举行了一次拔河比赛，我们都兴致勃勃地报名。没想到，第二天，我们班里要选出十名有团队精神的同学进行训练，将代表班级参加比赛。我荣幸地被选上了。在每天的训练中，我逐渐地意识到，拔河一定要互相团结，只要一个人用力的节奏不对，所有的努力都会浪费，所以只有团结才能取得成绩！

相信大家都知道狼这种动物吧。在自然界中，我们常常听到狼群袭击其他动物，很少听说有单独行动的狼。为什么狼喜欢成群出动呢？因为一只狼的力量有限，但是它们团结起来，组成了一个群体，力量就变得强大起来，从而可以和比他强大数倍的野兽搏斗。在赤壁之战中，面对强大的曹操军团，孙权和刘备的军队都无法单独与其抗衡，后来他们团结起来，兵合一处，从而在赤壁一带大破曹操大军，并奠定三国鼎立的局面。这两个事例都说明了“团结就是力量”这个道理。

团结就是力量，团结可以战胜挡在我们面前的拦路虎。

精彩语句

《手指》这篇文章告诉了我们一个道理：团结就是力量。

这一句点明了本段的论点，也是文章的主题。旨在告诉我们只要五根手指团结起来，没有什么困难能难倒我们。

妙笔生花

读过丰子恺爷爷的《手指》这篇课文，你学到了哪些道理呢？对于习以为常的事物，如何生动有趣地描写，这其中的方法你学会了吗？也选择一个生活中常见的事物，写一写吧！看看怎么样。

知识乐园

一、比一比，再组词。

轧（　　）　　貌（　　）
斩（　　）　　豹（　　）

渺（　　）　　享（　　）
缈（　　）　　亨（　　）

二、选字填空。

掏掏　　蘸　　让　　抹抹　　戴　　研

无名指多用于______脂粉、______药末、______戒指。小指的用处则更渺小，只是______耳朵、______鼻涕而已。他们也有被重用的时候。在丝竹管弦上，他们的能力不______于别人。

三、补出下列歇后语。

1. 温度计掉到冰箱里——（　　　　　　）
2. 钉子碰钉子——（　　　　　　）
3. 八级工拜师傅——（　　　　　　）
4. 顶风顶水划船——（　　　　　　）
5. 半截梭子织布——（　　　　　　）

四、修改下列病句。

1. 我国人口是世界上最多的国家。

____

2. 大家排着队争先恐后地进入会场。

____

3. 只有养成良好的卫生习惯，我们的健康和疾病才会有保证。

____

4. 黄山的秋天是个美丽的地方。

____

五、有机会的时候，可以试着观察一下弹钢琴时我们的十根手指是否和这篇文章所写的一样呢？思考一下，将你的结论写下来吧。

____

____

____

____

课本作家作品

自主阅读

忆儿时[1]

一

我回忆儿时，有三件不能忘却的事。

第一件是养蚕。那是我五六岁时、我祖母在日的事。我祖母是一个豪爽而善于享乐的人，良辰佳节不肯轻轻放过。养蚕也每年大规模地举行。其实，我长大后才晓得，祖母的养蚕并非专为图利，叶贵的年头常要蚀本，然而她喜欢这暮春的点缀，故每年大规模地举行。我所喜欢的，最初是蚕落地铺。那时我们的三开间的厅上、地上统是蚕，架着经纬的跳板，以便通行及饲叶。蒋五伯挑了担到地里去采叶，我与诸姐跟了去，去吃桑葚。蚕落地铺的时候，桑葚已很紫很甜了，比杨梅好吃得多。我们吃饱之后，又用一张大叶做一只碗，采了一碗桑葚，跟了蒋五伯回来。蒋五伯饲蚕，我就以走跳板为戏乐，常常失足翻落地铺里，压死许多蚕宝宝，祖母忙喊蒋五伯抱我起来，不许我再走。然而这满屋的跳板，像棋盘街一样，又很低，走起来一点也不怕，真是有趣。这真是一年一度的难得的乐事！所以虽然祖母禁止，我总是每天要去走。

蚕上山之后，全家静默守护，那时不许小孩子们吵了，我暂时感到沉闷。然而过了几天，采茧，做丝，热闹的空气又浓起来了。

---

① 本篇曾载 1927 年 6 月 10 日《小说月报》第 18 卷第 6 号。——编者注

我们每年照例请牛桥头七娘娘来做丝。蒋五伯每天买枇杷和软糕来给采茧、做丝、烧火的人吃。大家认为现在是辛苦而有希望的时候，应该享受这点心，都不客气地取食。我也无功受禄地天天吃多量的枇杷与软糕，这又是乐事。

七娘娘做丝休息的时候，捧了水烟筒，伸出她左手上的短少半段的小指给我看，对我说："做丝的时候，丝车后面，是万万不可走进去的。"她的小指，便是小时候不留心被丝车轴棒轧脱的。她又说："小囡囡不可走进丝车后面去，只管坐在我身旁，吃枇杷，吃软糕。还有做丝做出来的蚕蛹，叫妈妈用油炒一炒，真好吃哩！"然而我始终不要吃蚕蛹，大概是我爸爸和诸姐都不要吃的缘故。我所乐的，只是那时候家里的非常的空气。日常固定不动的堂窗、长台、八仙椅子，都收拾去，而变成不常见的丝车、匾、缸。又不断地公然地可以吃小食。

丝做好后，蒋五伯口中唱着"要吃枇杷，来年蚕罢"，收拾丝车，恢复一切陈设。我感到一种兴尽的寂寥。然而对于这种变换，倒也觉得新奇而有趣。

现在我回忆这儿时的事，常常使我神往！祖母、蒋五伯、七娘娘和诸姐都像童话里、戏剧里的人物了。且在我看来，他们当时这剧的主人公便是我。何等甜美的回忆！只是这剧的题材，现在我仔细想想觉得不好：养蚕做丝，在生计上原是幸福的，然其本身是数万的生灵的杀虐！《西青散记》里面有两句仙人的诗句："自织藕丝衫子嫩，可怜辛苦赦春蚕。"安得人间也发明织藕丝的丝车，而尽赦天下的春蚕的性命！

我七岁上祖母死了[1]，我家不复养蚕。不久父亲与诸姐弟相继死亡，家道衰落了，我的幸福的儿时也过去了。因此这回忆一面使我永远神往，一面又使我永远忏悔。

二

第二件不能忘却的事，是父亲的中秋赏月，而赏月之乐的中心，在于吃蟹。

我的父亲中了举人之后，科举制度就废了。他无事在家，每天吃酒，看书。他不要吃羊、牛、猪肉，而喜欢吃鱼、虾之类。而对于蟹，尤其喜欢。自七八月起直到冬天，父亲平日的晚酌规定吃一只蟹，一碗隔壁豆腐店里买来的开锅热豆腐干。他的晚酌，时间总在黄昏。八仙桌上一盏洋油灯，一把紫砂酒壶，一只盛热豆腐干的碎瓷盖碗，一把水烟筒，一本书，桌子角上一只端坐的老猫，我脑中这印象非常深刻，到现在还可以清楚地浮现出来。我在旁边看，有时他给我一只蟹脚或半块豆腐干。然我喜欢蟹脚。蟹的味道真好，我们五个姊妹兄弟，都喜欢吃，也是为了父亲喜欢吃的缘故。只有母亲与我们相反，喜欢吃肉，而不喜欢又不会吃蟹，吃的时候常常被蟹螯上的刺刺开手指，出血；而且抉剔得很不干净，父亲常常说她是外行。父亲说："吃蟹是风雅的事，吃法也要内行才懂得。"先折蟹脚，后开蟹斗……脚上的拳头（即关节）里的肉怎样可以吃干净，脐里的肉怎样可以剔出……脚爪可以当作剔肉的针……蟹螯上的骨头可拼成一只很好看的蝴蝶……父亲吃蟹真是内行，吃得非常干净。所以陈妈妈说："老爷吃下来的蟹壳，真是蟹壳。"

蟹的储藏所，就在天井角落里的缸里，经常总养着十来只。

---

① 作者祖母卒于 1902 年 5 月，当时作者五岁。——编者注

到了七夕、七月半、中秋、重阳等节候上，缸里的蟹就满了，那时我们都有得吃，而且每人得吃一大只，或一只半。尤其是中秋一天，兴致更浓。在深黄昏，移桌子到隔壁的白场[①]上的月光下面去吃。更深人静，明月底下只有我们一家的人，恰好围成一桌，此外只有一个供差使的红英坐在旁边。大家谈笑，看月亮，他们——父亲和诸姐——直到月落时光，我则半途睡去，与父亲和诸姐不分而散。

这原是为了父亲嗜蟹，以吃蟹为中心而举行的。故这种夜宴，不仅限于中秋，有蟹的季节里的月夜，无端也要举行数次。不过不是良辰佳节，我们少吃一点，有时两人分吃一只。我们都学父亲，剥得很精细，剥出来的肉不是立刻吃的，都积在蟹斗里，剥完之后，放一点姜醋，拌一拌，就作为下饭的菜，此外没有别的菜了。因为父亲吃菜是很省的，而且他说蟹是至味，吃蟹时混吃别的菜肴，是乏味的。我们也学他，半蟹斗的蟹肉，过两碗饭还有余，就可得父亲的称赞，又可以白口吃下余多的蟹肉，所以大家都勉励节省。现在回想那时候，半条蟹腿肉要过两大口饭，这滋味真好！自父亲死了以后，我不曾再尝这种好滋味。现在，我已经自己做父亲，况且已经茹素，当然永远不会再尝这滋味了。唉！儿时欢乐，何等使我神往！

然而这一剧的题材，仍是生灵的杀虐！因此这回忆一面使我永远神往，一面又使我永远忏悔。

三

第三件不能忘却的事。是与隔壁豆腐店里的王囡囡的交游，而

① 白场，作者家乡话，意即场地。——编者注

这交游的中心，在于钓鱼。

那是我十二三岁时的事，隔壁豆腐店里的王囡囡是当时我的小侣伴中的大阿哥。他是独子，他的母亲、祖母和大伯，都很疼爱他，给他很多的钱和玩具，而且每天放任他在外游玩。他家与我家贴邻而居。我家的人们每天赴市，必须经过他家的豆腐店的门口，两家的人们朝夕相见，互相来往。小孩们也朝夕相见，互相来往。此外他家对于我家似乎还有一种邻人以上的深切的交谊，故他家的人对于我特别要好，他的祖母常常拿自产的豆腐干、豆腐衣等来送给我父亲下酒。同时在小侣伴中，王囡囡也特别和我要好。他的年纪比我大，气力比我好，生活比我丰富，我们一道游玩的时候，他时时引导我，照顾我，犹似长兄对于幼弟。我们有时就在我家的染坊店里的榻上玩耍，有时相偕出游。他的祖母每次看见我俩一同玩耍，必叮嘱囡囡好好看待我，勿要相骂。我听人说，他家似乎曾经患难，而我父亲曾经帮他们忙，所以他家大人们吩咐王囡囡照应我。

我起初不会钓鱼，是王囡囡教我的。他叫他大伯买两副钓竿，一副送我，一副他自己用。他到米桶里去捉许多米虫，浸在盛水的罐头里，领了我到木场桥头去钓鱼。他教给我看，先捉起一个米虫来，把钓钩由虫尾穿进，直穿到头部，然后放下水去。他又说："浮珠一动，你要立刻拉，那么钩子钩住鱼的颚，鱼就逃不脱。"我照他所教的试验，果然第一天钓了十几头白条，然而都是他帮我拉钓竿的。

第二天，他手里拿了半罐头扑杀的苍蝇，又来约我去钓鱼。途中他对我说："不一定是米虫，用苍蝇钓鱼更好。鱼喜欢吃苍蝇！"

这一天我们钓了一小桶各种的鱼。回家的时候,他把鱼桶送到我家里,说他不要。我母亲就叫红英去煎一煎,给我下晚饭。

自此以后,我只管欢喜钓鱼。不一定要王囡囡陪去,自己一人也去钓,又学得了掘蚯蚓来钓鱼的方法。而且钓来的鱼,不仅够自己下晚饭,还可送给店里的人吃,或给猫吃。我记得这时候我的热心钓鱼,不仅出于游戏欲,又有几分功利的兴味在内。有三四个夏季,我热心于钓鱼,给母亲省了不少的菜蔬钱。

后来我长大了,赴他乡入学,不复有钓鱼的工夫。但在书中常常读到赞咏钓鱼的文句,例如什么"独钓寒江雪",什么"渔樵度此身",才知道钓鱼原来是很风雅的事。后来又晓得有所谓"游钓之地"的美名称,是形容人的故乡的。我大受其煽惑,为之大发牢骚:我想,"钓鱼确是雅的,我的故乡,确是我的游钓之地,确是可怀的故乡。"但是现在想想,不幸而这题材也是生灵的杀虐!

我的黄金时代很短,可怀念的又只有这三件事。不幸而都是杀生取乐,都使我永远忏悔。

一九二七年梅雨时节

梦 痕

我的左额上有一条同眉毛一般长短的疤。这是我儿时游戏中在门槛上跌破了头颅而结成的。相面先生说这是破相，这是缺陷。但我自己美其名曰“梦痕”。因为这是我的梦一般的儿童时代所遗留下来的唯一的痕迹。由这痕迹可以探寻我的儿童时代的美丽的梦。

我四五岁时，有一天，我家为了“打送”（吾乡风俗，亲戚家的孩子第一次上门来做客，辞去时，主人家必做几盘包子送他，名曰“打送”）某家的小客人，母亲、姑母、婶母和诸姐们都在做米粉包子。厅屋的中间放一只大匾，匾的中央放一只大盘，盘内盛着一大堆黏土一般的米粉，和一大碗做馅用的甜甜的豆沙。母亲们大家围坐在大匾的四周。各人卷起衣袖，向盘内摘取一块米粉来，捏做一只碗的形状；挟取一筷豆沙来藏在这碗内；然后把碗口收拢来，做成一个圆子。再用手法把圆子捏成三角形，扭出三条绞丝花纹的脊梁来；最后在脊梁凑合的中心点上打一个红色的“寿”字印子，包子便做成。一圈一圈地陈列在大匾内，样子很是好看。大家一边做，一边兴高采烈地说笑。有时说谁的做得太小，谁的做得太大；有时盛称姑母的做得太玲珑，有时笑指母亲的做得像个饼。笑语之声，充满一堂。这是年中难得的全家欢笑的日子。

而在我，做孩子们的，在这种日子更有无上的欢乐；在准备做包子时，我得先吃一碗甜甜的豆沙。做的时候，我只要吵闹一下子，母亲们会另做一只小包子来给我当场就吃。新鲜的米粉和新鲜的豆沙，热热地做出来就吃，味道是好不过的。我往往吃一只不够，再吵闹一下子就得吃第二只。倘然吃第二只还不够，我可嚷着要替她们打寿字印子。这印子是不容易打的：蘸的水太多了，打出来一塌糊涂，看不出寿字；蘸的水太少了，打出来又不清楚；况且位置要摆得正，歪了就难看；打坏了又不能揩抹涂改。所以我嚷着要打印子，是母亲们所最怕的事。她们便会和我商量，把做圆子收口时摘下来的一小粒米粉给我，叫我“自己做来自己吃”。这正是我所盼望的！开了这个例之后，各人做圆子收口时摘下来的米粉，就都得照例归我所有。再不够时还得要求向大盘中扭一把米粉来，自由捏造各种黏土手工：捏一个人，团拢了，改捏一个狗；再团拢了，再改捏一支水烟管……捏到手上的龌龊都混入其中，而雪白的米粉变成了灰色的时候，我再向她们要一朵豆沙来，裹成各种三不像的东西，吃下肚子里去。

这一天因为我吵得特别厉害些，姑母做了两只小巧玲珑的包子给我吃，母亲又外加摘一团米粉给我玩。为求自由，我不在那场上吃弄，拿了到店堂里，和五哥哥一同玩弄。五哥哥者，后来我知道是我们店里的学徒,但在当时我只知道他是我儿时的最亲爱的伴侣。他的年纪比我长，智力比我高，胆量比我大，他常做出种种我所意想不到的玩意儿来，使得我惊奇。这一天我把包子和米粉拿出去同他共玩，他就寻出几个印泥菩萨的小型的红泥印子来，教我印米粉菩萨。

后来我们争执起来，他拿了他的米粉菩萨逃，我就拿了我的米粉菩萨追。追到排门旁边，我跌了一跤，额骨磕在排门槛上，磕了眼睛大小的一个洞，便晕迷不省。等到知觉的时候，我已被抱在母亲手里，外科郎中蔡德本先生，正在用布条向我的头上重重叠叠地包裹。

自从我跌伤以后，五哥哥每天乘店里空闲的时候到楼上来省问我。来时必然偷偷地从衣袖里摸出些我所爱玩的东西来——例如关在自来火匣子里的几只叩头虫，洋皮纸人头，老菱壳做成的小脚，顺治铜钿[①]磨成的小刀等——送给我玩，直到我额上结成这个疤。

讲起我额上的疤的来由，我的回想中印象最清楚的人物，莫如五哥哥。而五哥哥的种种可惊可喜的行状，与我的儿童时代的欢乐，也便跟了这回想而历历地浮出到眼前来。

他的行为的顽皮，我现在想起了还觉吃惊。但这种行为对于当时的我，有莫大的吸引力，使我时时刻刻追随他，自愿地做他的从者。他用手捉住一条大蜈蚣，摘去了它的有毒的钩爪，而藏在衣袖里，走到各处，随时拿出来吓人。我跟了他走，欣赏他的把戏。他有时偷偷地把这条蜈蚣放在别人的瓜皮帽子上，让它沿着那人的额骨爬下去，吓得那人直跳起来。有时怀着这条蜈蚣去登坑，等候邻席的登坑者正在拉粪的时候，把蜈蚣丢在他的裤子上，使得那人扭着裤子乱跳，累了满身的粪。又有时当众人面前他偷把这条蜈蚣放在自己的额上，假装被咬的样子而号啕大哭起来，使得满座的人惊惶失措，七手八脚地为他营救。正在危急存亡的时候，他伸起手来收拾了这条蜈蚣，忽然破涕为笑，一缕烟逃走了。后来这套戏法渐渐做穿，有的人警告他说，若是再拿出蜈蚣来，要打头颈拳[②]了。于是

① 顺治铜钿，指清朝顺治年间铸造的圆形方孔铜币。——编者注

② 打头颈拳，作者家乡话，意即打耳光。——编者注

他换出别种花头来：他躲在门口，等候警告打头颈拳的人将走出门，突然大叫一声，倒身在门槛边的地上，乱滚乱撞，哭着嚷着，说是践踏了一条臂膀粗的大蛇，但蛇是已经钻进榻底下去了。走出门来的人被他这一吓，实在魂飞魄散；但见他的受难比他更深，也无可奈何他，只怪自己的运气不好。他看见一群人蹲在岸边钓鱼，便参加进去，和蹲着的人闲谈。同时偷偷地把其中相接近的两人的辫子梢头结住了，自己就走开，躲到远处去作壁上观。被结住的两人中若有一人起身欲去，滑稽剧就演出来给他看了。诸如此类的恶戏，不胜枚举。

现在回想他这种玩耍，实在近于为虐的戏谑。但当时他热心地创作，而热心地欣赏的孩子，也不止我一个。世间的严正的教育者！请稍稍原谅他的顽皮！我们的儿时，在私塾里偷偷地玩了一个折纸手工，是要遭先生用铜笔套管在额骨上猛钉几下，外加在至圣先师孔子之神位面前跪一支香的！

况且我们的五哥哥也曾用他的智力和技术来发明种种富有趣味的玩意，我现在想起了还可以神往。暮春的时候，他领我到田野去偷新蚕豆。把嫩的生吃了，而用老的来做“蚕豆水龙”。其做法，用煤头纸火把老蚕豆荚熏得半熟，剪去其下端，用手一捏，荚里的两粒豆就从下端滑出，再将荚的顶端稍稍剪去一点，使成一个小孔。然后把豆荚放在水里，待它装满了水，以一手的指捏住其下端而取出来，再以另一手的指用力压榨豆荚，一条细长的水带

便从豆荚的顶端的小孔内射出。制法精巧的，射水可达一二丈之远。他又教我“豆梗笛”的做法：摘取豌豆的嫩梗长约寸许，以一端塞入口中轻轻咬嚼，吹时便发嗒嗒之音。再摘取蚕豆梗的下段，长四五寸，用指爪在梗上均匀地开几个洞，作成笛的样子。然后把豌豆梗插入这笛的一端，用两手的指随意启闭各洞而吹奏起来，其音宛如无腔之短笛。他又教我用洋蜡烛的油做种种的浇造和塑造。用芋艿或番薯镌刻种种的印版，大类现今的木版画……诸如此类的玩意，亦复不胜枚举。

现在我对这些儿时的乐事久已缘远了。但在说起我额上的疤的来由时，还能热烈地回忆神情活跃的五哥哥和这种兴致蓬勃的玩意儿。谁言我左额上的疤痕是缺陷？这是我的儿时欢乐的佐证，我的黄金时代的遗迹。过去的事，一切都同梦幻一般地消灭，没有痕迹留存了。只有这个疤，好像是“脊杖二十，刺配军州”时打在脸上的金印，永久地明显地录着过去的事实，一说起就可使我历历地回忆前尘。仿佛我是在儿童世界的本贯地方犯了罪，被刺配到这成人社会的“远恶军州”来的。这无期的流刑虽然使我永无还乡之望，但凭这脸上的金印，还可回溯往昔，追寻故乡的美丽的梦啊！

一九三四年六月七日

学画回忆

我七八岁时入私塾，先读《三字经》，后来又读《千家诗》。《千家诗》每页上端有一幅木版画，记得第一幅画的是一只大象和一个人，在那里耕田，后来我知道这是二十四孝中的大舜耕田图。但当时并不知道画的是什么意思，只觉得看上端的画，比读下面的“云淡风轻近午天”有趣。我家开着染坊店，我向染匠司务讨些颜料来，溶化在小盅子里，用笔蘸了为书上的单色画着色，涂一只红象，一个蓝人，一片紫地，自以为得意。但那书的纸不是道林纸，而是很薄的中国纸，颜料涂在上面的纸上，会渗透下面好几层。我的颜料笔又吸得饱，透得更深。等得着好色，翻开书来一看，下面七八页上，都有一只红象、一个蓝人和一片紫地，好像用三色版套印的。

第二天上书的时候，父亲——就是我的先生——就骂，几乎要打手心；被母亲和不知大姐劝住了，终于没有打。我抽抽咽咽地哭了一顿，把颜料盅子藏在扶梯底下了。晚上，等到先生——就是我的父亲——上鸦片馆去了，我再从扶梯底下取出颜料盅子，叫红英——管我的女仆——到店堂里去偷几张煤头纸[①]来，就在扶梯底下

① 煤头纸，指卷成纸筒后用以引火的一种薄纸。——编者注

的半桌上的“洋油手照”[①]底下描色彩画。画一个红人，一只蓝狗，一间紫房子……这些画的最初的鉴赏者，便是红英。后来母亲和诸姐也看到了，她们都说“好”；可是我没有给父亲看，防恐吃手心。

后来，我在父亲晒书的时候找到了一部人物画谱，翻一翻，看见里面花样很多，便偷偷地取出了，藏在自己的抽斗里。晚上，又偷偷地拿到扶梯底下的半桌上去给红英看。这回不想再在书上着色；却想照样描几幅看，但是一幅也描不像。亏得红英想工[②]好，教我向习字簿上撕下一张纸来，印着了描。记得最初印着描的是人物谱上的柳柳州像。当时第一次印描没有经验，笔上墨水吸得太饱，习字簿上的纸又太薄，结果描是描成了，但原本上渗透了墨水，弄得很龌龊，曾经受大姐的责骂。这本书至今还存在，最近我晒旧书时候还翻出这个弄龌龊了的柳柳州像来看：穿了很长的袍子，两臂高高地向左右伸起，仰起头作大笑状。但周身都是斑斓的墨点，便是我当日印上去的。回思我当日最初就印这幅画的原因，大概是为了他高举两臂作大笑状，好像我的父亲打呵欠的模样，所以特别有兴味吧。后来，我的“印画”的技术渐渐进步。十二三岁的时候（父亲已经去世，我在另一私塾读书了），我已把这本人物谱统统印全。所用的纸是雪白的连史纸，而且所印的画都着色。着色所用的颜料仍旧是染坊里的，但不复用原色。我自己会配出各种的间色来，在画上施以复杂华丽的色彩，同塾的学生看了都很欢喜，大家说“比原本上的好看得多！”而且大家问我讨画，拿去贴在灶间里，当作灶君菩萨，或者贴在床前，当作新年里买的“花纸儿”。

---

① “洋油手照”，作者家乡话，意即火油灯。——编者注

② 想工，作者家乡话，意即办法。——编者注

那时候我们在私塾中弄画，是不敢公开的。我好像是一个土贩或私售灯吃的，同学们好像都上了瘾，大家在暗头里作“勾当”。先生坐在案桌上的时候，我们的画具和画都藏好，大家一摇一摆地读“幼学”书。等到下午，照例一个大块头来拖先生出去吃茶了，我们便拿出来弄画。我先一幅幅地印出来，然后一幅幅地涂颜料。同学们便像看病时向医生挂号一样，依次认定自己所欲得的画。得画的人对我有一种报酬，但不是稿费或润笔，而是种种玩意儿：金铃子一对连纸匣；挖空老菱壳一只，可以加上绳子去当作陀螺抽的；“云”字顺治铜钱一枚（有的顺治铜钱，后面有一个字，字共有二十种。我们儿时听大人说，积得了一套，用绳编成宝剑形状，挂在床上，夜间一切鬼都不敢来。但其中，好像是“云”字，最不易得；往往为缺少此一字而编不成宝剑。故这种铜钱在当时的我们之间是一种贵重的赠品），或者铜管子（就是当时炮船上新用的后膛枪子弹的壳）一个。有一次，两个同学为交换一张画，意见冲突，相打起来，被先生知道了。先生审问之下，知道相打的原因是为画；追求画的来源，知道是我所作，便厉喊我走过去。我料想是吃戒尺了，低着头不睬，但觉得手心里火热了。终于先生走过来了。我已吓得魂不附体；但他走到我的座位旁边，并不拉我的手，却问我“这画是不是你画的？”我回答一个“是”，预备吃戒尺了。他把我的身体拉开，抽开我的抽斗，搜查起来。我的画谱、颜料，以及印好而未着色的画，就都被他搜出，我以为这些东西全被没收了。结果不然，他单把画谱拿了去，坐在自己的椅子上一张一张地观赏起来。过了好一会，先生旋转头来叱一声“读！”大家朗朗地读“混沌初开，乾坤始奠……”这件案子便停顿了。我偷眼看先生，见他把画谱一张一张地翻下去，一直翻到底。放假[1]的时候我夹了书包走到他面前去作一揖，他换了一种与前不同的语气对我说："这书明天给你。"

明天早上我到塾，先生翻出画谱中的孔子像，对我说："你能看了样画一个大的吗？"我没有想到先生也会要我画起画来，有些"受宠若惊"的感觉，支吾地回答说"能"。其实我向来只是"印"，不能"放大"。这个"能"字是被先生的威严吓出来的。说出之后心头发一阵闷，好像一块大石头吞在肚里了。先生继续说："我去买张纸来，你给我放大了画一张，也要着色彩的。"我只得说"好"。同学们看见先生要我画画了，大家装出惊奇和羡慕的脸色，对着我看。我却带着一肚皮心事，直到放假。

放假时我夹了书包和先生交给我的一张纸回家，便去向大姐商量。大姐教我，用一张画方格子的纸，套在画谱的书页中间。画谱纸很薄，孔子像就有经纬格子范围着了。大姐又拿缝纫用的尺和粉线袋给我在先生交给我的大纸上弹了大方格子，然后向镜箱中取出她画眉毛用的柳条枝来，烧一烧焦，教我依方格子放大的画法。那时候我们家里还没有铅笔和三角板、米突（米 metre）尺，我现在回想大姐所教我的画法，其聪明实在值得佩服。我依照她的指导，竟用柳条枝把一个孔子像的底稿描成了；同画谱上的完全一样，不过大得多，同我自己的身体差不多大。我伴着了热烈的兴味，用毛笔钩出[2]线条；又用大盆子调了多量的颜料，着上色彩，一个鲜明华丽而伟大的孔子像就出现在纸上。店里的伙计，作坊里的司务，看见了这幅孔子像，大家说"出色！"还有几个老妈子，尤加热烈

① 放假，指放学。——编者注

② 钩出，同勾出。——编者注

地称赞我的“聪明”和画的“齐整”[1]。并且说：“将来哥儿给我画个容像，死了挂在灵前，也沾些风光。”我在许多伙计、司务和老妈子的盛称声中，俨然地成了一个小画家。但听到老妈子要托我画容像，心中却有些儿着慌。我原来只会“依样画葫芦”的！全靠那格子放大的枪花[2]，把书上的小画改成为我的“大作”；又全靠那颜色的文饰，使书上的线描一变而为我的“丹青”。格子放大是大姐教我的，颜料是染匠司务给我的，归到我自己名下的工作，仍旧只有“依样画葫芦”。如今老妈子要我画容像，说“不会画”有伤体面；说“会画”将来如何兑现？且置之不答，先把画缴给先生去。先生看了点头。次日画就粘贴在堂名匾下的板壁上。学生们每天早上到塾，两手捧着书包向它拜一下；晚上散学，再向它拜一下。我也如此。

自从我的“大作”在塾中的堂前发表以后，同学们就给我一个绰号“画家”。每天来访先生的那个大块头看了画，点点头对先生说：“可以。”这时候学校初兴，先生忽然要把我们的私塾大加改良了。他买一架风琴来，自己先练习几天，然后教我们唱“男儿第一志气高，年纪不妨小”的歌。又请一个朋友来教我们学体操。我们都很高兴。有一天，先生呼我走过去，拿出一本书和一大块黄布来，和蔼地对我说：“你给我在黄布上画一条龙，”又翻开书来，继续说：“照这条龙一样。”原来这是体操时用的国旗。我接受了这命令，只得又去向大姐商量，再用老法子把龙放大，然后描线，涂色。但这回的颜料不是从染坊店里拿来，是由先生买来的铅粉、牛皮胶和红、黄、

---

① “齐整”，作者家乡话，意即漂亮。——编者注

② 江南一带方言中有“掉枪花”的说法，意即“耍手段”。——编者注

蓝各种颜色。我把牛皮胶煮溶了，加入铅粉，调制各种不透明的颜料，涂到黄布上，同西洋中世纪的fresco（壁画）画法相似。龙旗画成了，就被高高地张在竹竿上，引导学生通过市镇，到野外去体操。我的“画家”绰号自此更盛行；而老妈子的画像也催促得更紧了。

我再向大姐商量。她说二姐丈会画肖像，叫我到他家去“偷关子”。我到二姐丈家，果然看见他们有种种特别的画具：玻璃九宫格、擦笔、conte①、米突尺，三角板。我向二姐丈请教了些笔法，借了些画具，又借了一包照片来，作为练习的样本。因为那时我们家乡地方没有照相馆，我家里没有可用玻璃格子放大的四寸半身照片。回家以后，我每天一放学就埋头在擦笔照相画中。这原是为了老妈子的要求而“抱佛脚”的；可是她没有照相，只有一个人。我的玻璃格子不能罩到她的脸孔上去，没有办法给她画像。天下事会巧妙地解决的。大姐在我借来的一包样本中选出某老妇人的一张照片来，说：“把这个人的下巴改尖些，就活像我们的老妈子了。”我依计而行，果然画了一幅八九分像的肖像画，外加在擦笔上面涂以漂亮的淡彩：粉红色的肌肉，翠蓝色的上衣，花带镶边；耳朵上外加挂上一双金黄色的珠耳环。老妈子看见珠耳环，心花盛开，即使完全不像，也说“像”了。自此以后，亲戚家死了人我就有差使——画容像。活着的亲戚也拿一张小照来叫我放大，挂在厢房里；预备将来可现成地移挂在灵前。我十七岁出外求学，年假、暑假回家时还常常接受这种义务生意。直到我十九岁时，从先生学了木炭写生画，读了美术的论著，方才把此业抛弃。到现在，在故乡的几位老伯伯和老太

① 即crayon conte，木炭铅笔。——编者注

太之间，我的擦笔肖像画家的名誉依旧健在；不过他们大都以为我近来“不肯”画了，不再来请教我。前年还有一位老太太把她的新死了的丈夫的四寸照片寄到我上海的寓所来，哀求地托我写照。此道我久已生疏，早已没有画具，况且又没有时间和兴味。但无法对她说明，就把照片送到霞飞路[①]的某照相馆里，托他们放大为廿四寸的，寄了去。后遂无问津者。

假如我早得学木炭写生画，早得受美术论著的指导，我的学画不会走这条崎岖的小径。唉，可笑的回忆，可耻的回忆，写在这里，给世间学画的人作借镜吧。

一九三四年二月

① 霞飞路，当时上海法租界的路名，即淮海中路。——编者注

过年

我幼时不知道阳历，只知道阴历。到了十二月十五，过年的气氛开始浓重起来了。我们染坊店里三个染匠司务全是绍兴人，十二月十六日要回乡。十五日，店里办一桌酒，替他们送行。这是提早举办的年酒。商店旧例，年酒席上的一只全鸡，摆法大有讲究：鸡头向着谁，谁要免职。所以上菜的时候，要特别当心。但我家的店规模很小，店里三个人，作场里三个人，一共只有六个人，这六个人极少有变动，所以这种顾虑极少。但母亲还是当心，上菜时关照仆人，必须把鸡头向着空位。

十六日，司务们一上去[①]，染缸封了，不再收货，农民们此时也要过年，不再拿布出来染了。店里不须接生意，但是要算账。整个上午，农民们来店还账，应接不暇。下午，管账先生送进一包银圆来，交母亲收藏。这半个月正是收获时期，一家一店许多人的生活都从这里开花。有的农民不来还账，须得下乡去收。所以必须另雇两个人去收账。他们早出晚归，有时拿了鸡或米回来。因为那农家付不出钱，将鸡或米来抵偿。年底往往阴雨，收账的人，拖泥带水回来，非常辛苦。所以每天的夜饭必须有酒有肉。学堂早已放年

① 按作者家乡一带习惯，凡是去浙东各地，称为“上去”。——编者注

假，我空闲无事，上午总在店里帮忙，写“全收”簿子[①]。吃过中饭，管账先生拿全收簿子去一算，把算出来的总数同现款一对，两相符合，一天的工作便完成了。

从腊月二十日起，每天吃夜饭时光，街上叫“火烛小心”。一个人“蓬蓬”地敲着竹筒，口中高叫：“寒天腊月！火烛小心！柴间灰堆！灶前灶后！前门闩闩！后门关关！……”这声调有些凄惨。大家提高警惕。我家的贴邻是王囡囡豆腐店，豆腐店日夜烧砻糠，火烛更为可怕。然而大家都说不怕，因为明朝时光刘伯温曾在这一带地方造一条石门槛，保证这石门槛以内永无火灾。

廿三日晚上送灶，灶君菩萨每年上天约一星期，廿三夜上去，大年夜回来。这菩萨据说是天神派下来监视人家的，每家一个。他们高踞在人家的灶山上，嗅取饭菜的香气。每逢初一、月半，必须点起香烛来拜他。廿三这一天，家家烧赤豆糯米饭，先盛一大碗供在灶君面前，然后全家来吃。吃过之后，黄昏时分，父亲穿了大礼服来灶前膜拜，跟着，我们大家跪拜。拜过之后，将灶君的神像从灶山上请下来，放进一顶灶轿里。这灶轿是白天从市上买来的，用红绿纸张糊成，两旁贴着一副对联，上写“上天奏善事，下界保平安”。我们拿些冬青柏子，插在灶轿两旁，再拿一串纸做的金元宝挂在轿上，又拿一点糖塌饼来，粘在灶君菩萨的嘴上。这样一来，他上去见了天神，粘嘴粘舌的，说话不清楚，免得把人家的恶事和盘托出。于是父亲恭恭敬敬地捧了灶轿，捧到大门外去烧化。烧化时必须抢出一只纸元宝，拿进来藏在橱里，预祝明年有真金元宝进门之意。

---

① 年底收账，账收回后，记在全收簿子上，表示已不欠账。——编者注

送灶君上天之后，陈妈妈就烧菜给父亲下酒，说这酒菜味道一定很好，因为没有灶君先吸取其香气。父亲也笑着称赞酒菜好吃。我现在回想，他是假痴假呆、逢场作乐。因为他中了这末代举人，科举就废了，不得伸展，蜗居在这穷乡僻壤的蓬门败屋中，无以自慰，唯有利用年中行事，聊资消遣，亦“四时佳兴与人同”之意耳。

廿三送灶之后，家中就忙着打年糕。这糯米年糕又大又韧，自己不会打，必须请一个男工来帮忙。这男工大都是陆阿二，又名五阿二。因为他姓陆，而他的父亲行五。两枕“当家年糕”，约有三尺长；此外许多较小的年糕，有二尺长的，有一尺长的；还有红糖年糕，白糖年糕。此外是元宝、百合、橘子等种种小摆设，这些都由母亲和姐姐们去做。我也洗了手去参加，但总做不好，结果是自己吃了。姐姐们又做许多小年糕，形式仿照大年糕，是预备廿七夜过年时拜小年菩萨用的。

廿七夜过年，是个盛典。白天忙着烧祭品：猪头、全鸡、大鱼、大肉，都是装大盘子的。吃过夜饭之后，把两张八仙桌接起来，上面供设“六神牌”，前面围着大红桌围，摆着巨大的锡制的香炉蜡台。桌上供着许多祭品，两旁围着年糕。我们这厅屋是三家公用的，我家居中，右边是五叔家，左边是嘉林哥家，三家同时祭起年菩萨来，屋子里灯火辉煌，香烟缭绕，气象好不繁华！三家比较起来，我家的供桌最为体面。何况我们还有小年菩萨，即在大桌旁边设两张茶几，也是接长的，也供一位小菩萨像，用小香炉蜡台，设小盆祭品，竟像是小人国里的过年。记得那时我所欣赏的，是“六神牌”和祭品盘上的红纸盖。这六神牌画得非常精美，一共六版，每版上画好几个菩萨，佛、观音、玉皇大帝、孔子、文昌帝君、魁星……都包括在内。平时折好了供在堂前，不许打开来看，这时候才展览了。祭品盘上的红纸盖，都是我的姑母剪的，“福禄寿喜”“一品当朝”“连升三级”等字，都剪出来，巧妙地嵌在里头。我那时只七八岁，就喜爱这些东西，这说明我与美术有缘。

绝大多数人家廿七夜过年。所以这晚上商店都开门，直到后半夜送神后才关门。我们约伴出门散步，买花炮。花炮种类繁多，我们所买的，不是两响头的炮仗和噼噼啪啪的鞭炮，而是雪炮、流星、金转银盘、水老鼠、万花筒等好看的花炮。其中万花筒最好看，然而价贵不易多得。买回去在天井里放，大可增加过年的喜气。我把一串鞭炮拆散来，一个一个地放。点着了火立刻拿一个罐头来罩住，“咚”的一声，连罐头也跳起来。我起初不敢拿在手里放。后来经乐生哥哥教导，竟胆敢拿在手里放了。两指轻轻捏住鞭炮的末端，一点上火，立刻把头旋向后面。渐渐老练了，即行若无事。

正在放花炮的时候，隔壁谭三姑娘……送万花筒来了。这谭三姑娘的丈夫谭福山，是开炮仗店的。年年过年，总是特制了万花筒来分送邻居，以供新年添兴之用。此时谭三姑娘打扮得花枝招展，声音好比莺啼燕语。厅堂里的空气忽然波动起来。如果真有年菩萨在尚飨，此时恐怕都“停杯投箸不能食”了。

夜半时分，父亲在旁边的半桌上饮酒，我们陪着他吃饭。直到后半夜，方才送神。我带着欢乐的疲倦躺在床上，钻进被窝里，蒙眬之中听见远近各处爆竹之声不绝，想见这时候石门湾的天空中，定有无数年菩萨餍足了酒肉，腾空驾雾归天去了。

年底这一天，是准备通夜不眠的。店里早已摆出风灯，插上岁烛。吃年夜饭时，把所有的碗筷都拿出来，预祝来年人丁兴旺。吃饭碗数，不可成单，必须成双。如果吃三碗，必须再盛一次，哪怕盛一点点也好，总之要凑成双数。吃饭时母亲分送压岁钱，用红纸包好。我全部用以买花炮。吃过年夜饭，还有一出滑稽戏呢。这叫作“毛糙纸揩洼”。“洼”就是屁股。一个人拿一张糙纸，把另一人的嘴揩一揩。意思是说：你这嘴巴是屁股，你过去一年中所说的不祥的话，例如“要死”之类，都等于放屁。但是人都不愿被揩，尽量逃避。然而揩的人很调皮，出其不意，突如其来，哪怕你极小心的人，也总会被揩。有时其人出前门去了。大家就不提防他。岂知他绕个圈子，悄悄地从后门进来，终于被揩了去。此时笑声、喊声充满了一堂。过年的欢乐气氛更加浓重了。

于是陈妈妈烧起火来放“泼留”。把糯米谷放进热镬子里，一只手用铲刀[①]搅拌，一只手用箬帽遮盖。那些糯谷受到热度，爆裂开来，若非用箬帽遮盖，势必纷纷落地，所以必须遮盖。放好之后，拿出来堆在桌子上，叫大家拣泼留。“泼留”两字应该怎样写，我实在想不出，这里不过照声音记录罢了。拣泼留，就是把砻糠拣出，剩下纯粹的泼留，新年里客人来拜年，请他吃糖汤，放些泼留。我们小孩子也参与拣泼留，但是一面拣，一面吃。一粒糯米放成蚕豆来大，像朵梅花，又香又热，滋味实在好极了。

黄昏，渐渐有人提了灯笼来收账了。我们就忙着“吃串”。听来好像是“吃菜”。其实是把每一百铜钱的串头绳解下来，取出其

① 铲刀，指锅铲。——编者注

中三四文，只剩九十六七文，或甚至九十二三文，当作一百文去还账。吃下来的“串”，归我们姐弟们作零用。我们用这些钱还账，但我们收来的账，也是吃过串的钱。店员经验丰富，一看就知道这是“九五串”，那是“九二串”的。你以伪来，我以伪去，大家不计较了。这里还得表明：那时没有钞票，只有银洋、铜板和铜钱。银洋一元等于三百个铜板，一个铜板等于十个铜钱。我那时母亲给我的零用钱，是每天一个铜板即十文铜钱。我用五文买一包花生，两文买两块油沸豆腐干，还有三文随意花用。

街上提着灯笼讨账的，络绎不绝。直到天色将晓，还有人提着灯笼急急忙忙地跑来跑去。这只灯笼是千万少不得的。提灯笼，表示还是大年夜，可以讨债；如果不提灯笼，那就是新年，欠债的可以打你几记耳光，要你保他三年顺境。因为大年初一讨债是禁忌的。但这时候我家早已结账，关店，正在点起了香烛迎接灶君菩萨。此时通行吃接灶圆子。管账先生一面吃圆子，一面向我母亲报告账务。说到盈余，笑容满面。母亲照例额外送他十只银角子，给他“新年里吃青果茶”。他告别回去，我们也收拾，睡觉。但是睡不到二个钟头，又得起来，拜年的乡下客人已经来了。

年初一上午忙着招待拜年客人。街上挤满了穿新衣服的农民，男女老幼，熙熙攘攘，吃烧卖，上酒馆，买花纸（即年画），看戏法，到处拥挤。

初二开始，镇上的亲友来往拜年。我父亲戴着红缨帽子，穿着外套，带着跟班出门。同时也有穿礼服的到我家拜年。如果不遇，留下一张红片子。父亲死后，母亲叫我也穿着礼服去拜年。我实在很不高兴。因为一个十一二岁的孩子穿大礼服上街，大家注目，有讥笑的，也有叹羡的，叫我非常难受。现在回想，母亲也是一片苦心。她不管科举已废，还希望我将来也中个举人，重振家声，所以把我如此打扮，聊以慰情。

正月初四，晚上接财神。别的行事，如送灶、过年等，排场大小不定，有简单的，有丰盛的，都按家之有无。独有接财神，家家郑重其事，而且越是贫寒之家，排场越是体面。大约他们想：敬神丰盛，可以邀得神的恩宠，今后让他们发财。

接财神的形式，大致和过年相似，两张桌子接长来，供设六神牌，外加财神像，点起大红烛。但不先行礼，先由父亲穿了大礼服，拿了一股香，到下西弄的财神堂前行礼，三跪九叩，然后拿了香回来，插在香炉中，算是接得财神回来了。于是大家行礼。这晚上金吾放夜，市中各店通夜开门，大家接财神。所以要买东西，哪怕后半夜，也可以买得。父亲这晚上兴致特别好，饮酒过半，叫把谭三姑娘送的大万花筒放起来。这万花筒果然很大，每个共有三套。一枝火树银花低了，就有另一枝继续升起来，凡三次。我们放大万花筒时，为要尽量增大它的利用率，邀请所有的邻居都出来看。作者谭福山也被邀在内。大家闻得这大万花筒是他作的，都向他看……

初五以后，过年的事基本结束。但是拜年，吃年酒，酬谢往还，也很热闹。厨房里年菜很多，客人来了，搬出就是。但是到了正月半，也差不多吃完了。所以有一句话："拜年拜到正月半，烂溏鸡屎炒青菜。"我的父亲不爱吃肉，喜欢吃素，我们都看他样。所以我们家里，大年夜就烧好一大缸萝卜丝油豆腐，油很重，滋味很好。每餐盛出一碗来，放在锅子里一热，便是最好的饭菜。我至今还是忘不了这种好滋味。但叫家里人照烧起来，总不及童年时的好吃，怪哉！

正月十五，在古代是一个元宵佳节，然而赛灯之事，久已废止，只有市上卖些兔子灯、蝴蝶灯等，聊以应名而已。

二十日，各店照常开门做生意，学堂也开学。过年的笔记也就全部结束。

我的少年时代

我的少年时代的回忆中，印象最鲜明的，是剪辫子事件。民国光复之初，我正在高等小学读书。一位已剪辫子的先生在上课时对我们说："我们汉人本来没有辫子。二百余年前，满人夺了我们的土地，强迫我们养辫子，不听号令者死罪。我们屈服了二百多年。如今大汉光复，我们倘再保留这条辫子，无异甘心为人奴隶。大家赶快剪去！"我们一班同学少年听了这番话，个个感应。没有几天，大家脑后拖着半尺多长的头发，戴着鸭舌头帽子，活像现今戏班子里的花旦下台时的模样了。有不少人的家庭中，老人们拘于世代的旧习，反对剪辫，闹起小小的家庭问题来。我的母亲也反对我，当她发现我的脑后少了一条辫子的时候，把我骂了一顿，自己又哭了一场，然后把剪下来的辫子套在红封筒内，拿去珍藏了。第二天我到学校，连忙把这场家庭风波告诉同学少年，邀他们的同情。有的安慰我说："老年人大都讲不通，他们是不读书之故。我们读过历史，明知满洲人压迫我们已经二百多年。现在大汉光复，剪去这条辫子是应该的。你怕什么呢？"有的人代我想法："你可告诉你母亲：辫子好比是一个尾巴。养辫子赛过是生尾巴，做畜生。这是满洲人侮辱我们的办法。这样对你母亲辩解，她一定不会再骂你了。"还有人鼓励我："即使不做畜生，辫子总是无益有害而且难看的东西。

试想一个人，为什么后面要挂这条累赘的东西？这完全是满洲人的野蛮的办法！现在我们革命成功，一切有害的事都要除去。我们从剪辫子开始，将来逐渐革除一切有害的事，提倡一切有益的事，国家自会强盛起来。那时西洋人和日本人就会知道：以前我国外交屡次失败。不是我国人民懦弱之故，全是满洲人政治不良之故。如今汉人自己管了，四万万人齐心协力，东西洋那些小国哪里还敢欺负我们？”以后接着说话的人就离开了辫子问题：“满洲人是专制的，尊重皇帝而看轻百姓，谁肯为他们出力呢？现在我们收了回来，改成共和国，四万万人一律平等，为国家出力就是为自己出力，将来的中国岂有不强之理？今年是民国元年，大家已经这般高兴。再过十年廿年，到了我们长大的时候，中国一定非常强盛，人民一定还要高兴。那时我们汉人真光荣呢！”“岂但光荣而已，我们还要收回屡屡的损失呢。《马关条约》《南京条约》《北京条约》《天津条约》……许多地盘，许多赔款，都是满洲人给我们败了的。将来我们要统统收回来，造成一个完全无缺的‘大中华’共和国！”讲到这里，我们几个同学少年大家慷慨激昂，个个以民族英雄自许了。我早把母亲的哭骂忘却，跟着住校的同学走进房间里，借他的木梳来梳掠我那半尺多长的短发。一梳一梳地梳出来的，似乎全是快乐、幸福和光荣的希望。

这是二十五年前的旧事了。现在回忆，还可使我眉飞色舞。几位同学少年大都无恙，虽无“五陵裘马自轻肥”之辈，但大家都努力为社会国家服务，果然不失为“大中华”共和国的好百姓。只是我每天早晨梳掠我的斑白的短发，再也梳不出当时那种快乐、幸福和光荣的希望来了。这些希望似乎并不消灭，但被一种东西包住了，暂时失落在某处，将来一定有重新发现的一日。

丰子恺自述[1]

我于清光绪廿二年（一八九八）旧历九月廿六日生于浙江石门县城外石门湾后河的丰同裕染坊店里。这店是我的祖父开的。祖父早死，我生时只看见祖母。祖母是受过教育的人。她自己管店，而教我父亲读书。我四岁时，父亲考乡试中了举人。同年祖母死了。我对于祖母的回想很模糊，但常在父母亲及诸姊处听说祖母为人何等豪爽，何等善于享乐生活；又在父亲的书橱里看见过祖母因瞌睡而被鸦片灯烧焦的《缀白裘》《今古奇观》等书，故从小晓得祖母是我们的家风的支配者。我的母亲欢喜管理家务，父亲在家只是逐良辰佳节，饮酒赋诗，家务都由母亲操持。我九岁上，父亲患肺病死了。因为父亲不事产业，我又有六姊一妹二弟，母亲抚育许多孩子，家计很困难。而数年之中，死亡相继，现在我只有两姊一妹了。我十岁时，母亲让我入亲戚家的私塾。我记得那时候我倾心于祖母和父亲，对于先生全不信服。读书半是赖学。十三岁改入邻近的小学校。新式的学堂功课英文、数学、理化引起了我的兴味，一变而非常用功了。十七岁小学毕业，母亲送我进杭州第一师范。初入学的一二年，

① 本篇曾载 1933 年 1 月 1 日《读书杂志》第 3 卷第 1 期，与柳亚子、巴金、高语罕、徐悲鸿、熊佛西等人的文章一起刊登，总题“作家自传”。题下有“以收到先后为序”字样，“丰子恺自述”居第一。

我依旧用功各种功课，考试常常列在前名。到了第三年，我忽然对于教我图画音乐的李叔同先生产生了兴趣，抛弃其他功课而专门学图画音乐了。因功课的偏重，常常受学监及舍监的谴责。我记得那时候的慕李先生，同幼时的慕祖母、父亲一样。

我二十二岁师范毕业后，跟了友人在上海办一所专修图画音乐的专科师范。当年，我的弟弟患肺病死了，我和母亲受了很大的打击。次年，即一九二一年春，我就别母亲，到东京去。因为短于资本，不能入美术学校或音乐学校。我就做游览者，除了到研究所去略学一些绘画音乐实技以外，只是看戏、买书、访问展览会和音乐会。过了一年，金尽了，只得归国。归国后又在专科师范做了半年教师，随即到一个新办在浙江上虞的山水间的春晖中学去教图画音乐。二三年后我又辞去，加入一群朋友的团体，在上海附近的江湾办了一所立达学园。在那学园里教中学部的图画音乐，文艺院的关于绘画及艺术的理论；兼任上海大学、复旦大学和澄衷中学、松江女子中学的图画、音乐或艺术理论功课。一九二七年九月，我三十岁诞辰，依归佛教，戒酒除荤。一九三〇年二月，我遭母丧，即辞去一切教职，迁居嘉兴，以卖文糊口。是年秋患大病，几濒危境。从此体弱多病，至今未复健康。

一九三二年十二月记

沙坪小屋的鹅

抗战胜利后八个月零十天，我卖脱了三年前在重庆沙坪坝庙湾地方自建的小屋，迁居城中去等候归舟。

除了托庇三年的情感以外，我对这小屋实在毫无留恋。因为这屋太简陋了，这环境太荒凉了；我去屋如弃敝屣，倒是屋里养的一只白鹅，使我念念不忘。

这白鹅，是一位将要远行的朋友送给我的。这朋友住在北碚，特地从北碚把这鹅带到重庆来送给我。我亲自抱了这雪白的大鸟回家，放在院子内。它伸长了头颈，左顾右盼，我一看这姿态，想道："好一个高傲的动物！"凡动物，头是最主要部分。这部分的形状，最能表明动物的性格。例如狮子、老虎，头都是大的，表示其力强。麒麟、骆驼，头部是高的，表示其高超。狼、狐、狗等，头都是尖的，表示其刁奸猥鄙。猪猡、乌龟等，头都是缩的，表示其冥顽愚蠢。鹅的头在比例上比骆驼更高，与麒麟相似，正是高超的性格的表示。而在它的叫声、步态、吃相中，更表示出一种傲慢之气。

鹅的叫声，与鸭的叫声大体相似，都是"轧轧"然的。但音调上大不相同。鸭的"轧轧"，其音调琐碎愉快，有小心翼翼的意味；鹅的"轧轧"，其音调严肃郑重，有似厉声呵斥。它的旧主人告诉我：

养鹅等于养狗，它也能看守门户。后来我看到果然：凡有生客进来，鹅必然厉声叫嚣；甚至篱笆外有人走路，它也要引吭大叫，其叫声的严厉，不亚于狗的狂吠。狗的狂吠，是专对生客或宵小用的；见了主人，狗会摇头摆尾，呜呜地乞怜。鹅则对无论何人，都是厉声呵斥；要求饲食时的叫声，也好像大爷嫌饭迟而怒骂小使一样。

鹅的步态，更是傲慢了。这在大体上也与鸭相似。但鸭的步调急速，有局促不安之相。鹅的步调从容，大模大样的，颇像平剧（京剧）里的净角出场。这正是它的傲慢的性格的表现。我们走近鸡或鸭，这鸡或鸭一定让步逃走。这是表示对人惧怕，所以我们要捉住鸡或鸭，颇不容易。那鹅就不然：它傲然地站着，看见人走来毫不相让；有时非但不让，竟伸过颈子来咬你一口。这表示它不怕人，看不起人。但这傲慢终归是狂妄的。我们一伸手，就可一把抓住它的项颈，而任意处置它。家畜之中，最傲人的无过于鹅。同时最容易捉住的也无过于鹅。

鹅的吃饭，常常使我们发笑。我们的鹅是吃冷饭的，一日三餐。它需要三样东西下饭：一样是水，一样是泥，一样是草。先吃一口冷饭，再喝一口水，然后再到某地方去吃一口泥和草。这地方是它自己选定的，选的目标，我们做人的无法知道。大约泥和草也有各种滋味，它是依着它的胃口而选定的。这食料并不奢侈；但它的吃法，三眼一板，一丝不苟。譬如吃了一口饭，倘水盆偶然放在远处，它一定从容不迫地踏大步走上前去，饮水一口，再踏大步走到一定的地方去吃泥、吃草。吃过泥和草再回来吃饭。

这样从容不迫地吃饭，必须有一个人在旁侍候，像饭馆里的堂倌一样。因为附近的狗，都知道我们这位鹅老爷的脾气，每逢它吃饭的时候，狗就躲在篱边窥伺。等它吃过一口饭，踏着方步去吃水、吃泥、吃草的当儿，狗就敏捷地跑过来，努力地吃它的饭。没有吃完，鹅老爷偶然早归，伸颈去咬狗，并且厉声叫骂，狗立刻逃往篱边，蹲着静候；看它再吃了一口饭，再走开去吃水、吃草、吃泥的时候，狗又敏捷地跑上来，这回就把它的饭吃完，扬长而去了。等到鹅再来吃饭的时候，饭罐已经空空如也。鹅便昂首大叫，似乎责备人们供养不周。这时我们便替它添饭，并且站着侍候。因为邻近狗很多，一狗方去，一狗又来蹲着窥伺了。邻近的鸡也很多，也常蹑手蹑脚地来偷鹅的饭吃。我们不胜其烦，以后便将饭罐和水盆放在一起，免得它走远去，让鸡、狗偷饭吃。然而它所必需的泥和草，所在的地点远近无定。为了找这食物，它仍是要走远去的。因此鹅的吃饭，非有一人侍候不可。真是架子十足的！

鹅，不拘它如何高傲，我们始终要养它，直到房子卖脱为止。因为它对我们，物质上和精神上都有贡献，使主母和主人都欢喜它。物质上的贡献，是生蛋。它每天或隔天生一个蛋，篱边特设一堆稻草，鹅蹲伏在稻草中了，便是要生蛋了。家里的小孩子更兴奋，站在它旁边等候。它分娩毕，就起身，大踏步走进屋里去，大声叫开饭。这时候孩子们把热热的蛋捡起，藏在背后拿进屋子来，说是怕鹅看见了要生气。鹅蛋真是大，有鸡蛋的四倍呢！主母的蛋篓子内积得多了，就拿来制盐蛋，炖一个盐鹅蛋，一家人吃不了的！工友上街买菜回来说："今天菜市上有卖鹅蛋的，要四百元一个，我们的鹅每天挣四百元，一个月挣一万二，比我们做工还好呢。哈哈哈哈。"大家陪他"哈哈哈哈"。望望那鹅，它正吃饱了饭，昂胸凸肚地，在院子里踱方步，看野景，似乎更加神气活现了。但我觉得，比吃鹅蛋更好的，还是它的精神贡献。因为我们这屋实在太简陋，环境实在太荒凉，生活实在太岑寂了。赖有这一只白鹅，点缀庭院，增加生气，慰我寂寞。

且说我这屋子，真是简陋极了：篱笆之内，地皮二十方丈，屋所占的只六方丈，其余算是庭院。这六方丈上，建着三间"抗建式"平屋，每间前后划分为二室,共得六室,每室平均一方丈。中央一间，前室特别大些，约有一方丈半弱，算是食堂兼客堂；后室就只有半方丈强，比公共汽车还小，作为家人的卧室。西边一间，平均划分为二，算是厨房及工友室。东边一间，也平均划分为二，后室也是家人的卧室，前室便是我的书房兼卧房。三年以来，我坐卧写作，都在这一方丈内。归熙甫《项脊轩记》中说："室仅方丈，可容一人居。"又说："雨泽下注，每移案，顾视无可置者。"我只有想起这些话的时候，感觉得自己满足。我的屋虽不上漏，可是墙是竹制的，单薄得很。夏天九点钟以后，东墙上炙手可热，室内好比开放了热水汀。这时反让人希望警报，可到六七丈深的地下室去凉快一下呢。

竹篱之内的院子，薄薄的泥层下面尽是岩石，只能种些番茄、蚕豆、芭蕉之类，却不能种树木。竹篱之外，坡岩起伏，尽是荒郊。

因此这小屋赤裸裸的，孤零零的，毫无依蔽；远远望来，正像一个亭子。我长年坐守其中，就好比一个亭长。这地点离街约有里许，小径迂回，不易寻找，来客极稀。杜诗“幽栖地僻经过少”一句，这屋可以受之无愧。风雨之日，泥泞载途，狗也懒得走过，环境荒凉更甚。这些日子的岑寂的滋味，至今回想还觉得可怕。

自从这小屋落成之后，我就辞绝了教职，恢复了战前的闲居生活。我与外界绝少往来，每日只是读书作画，饮酒闲谈而已。我的时间全部是我自己的。这是我的性格的要求，这在我认为是幸福的。然而这幸福必须有两个条件：在太平时，在都会里。如今在抗战期，在荒村里，这幸福就伴着一种苦闷——岑寂。为避免这苦闷，我便在读书、作画之余，在院子里种豆，种菜，养鸽，养鹅。而鹅给我的印象最深。因为它有那么庞大的身体，那么雪白的颜色，那么雄壮的叫声，那么轩昂的态度，那么高傲的脾气和那么可笑的行为。在这荒凉岑寂的环境中，这鹅竟成了一个焦点。凄风苦雨之日，手酸意倦之时，推窗一望，死气沉沉，唯有这伟大的雪白的东西，高擎着琥珀色的喙，在雨中昂然独步，好像一个武装的守卫，使得这小屋有了保障，这院子有了主宰，这环境有了生气。

我的小屋易主的前几天，我把这鹅送给住在小龙坎的朋友人家。送出之后的几天内，颇有异样的感觉。这感觉与诀别一个人的时候所发生的感觉完全相同，不过分量较为轻微而已。原来一切众生，本是同根，凡属血气，

皆有共感。所以这禽鸟比这房屋更是牵惹人情，更能使人留恋。现在我写这篇短文，就好比为一个永诀的朋友立传，写照。

这鹅的旧主人姓夏名宗禹，现在与我邻居着。

卅五（1946）年四月二十五日于重庆

蝌蚪

一

每度放笔，凭在楼窗上小憩的时候，望下去看见庭中的花台的边上，许多花盆的旁边，并放着一只印着蓝色图案模样的洋瓷[①]面盆。我起初看见的时候，以为是洗衣物的人偶然寄存着的。在灰色而简素的花台的边上，许多形式朴陋的瓦质的花盆的旁边，配置一个机械制造而施着近代风图案的精巧的洋瓷面盆，很不调和，假如眼底展开着的是一张画纸，我颇想找块橡皮来揩去它。

一天，二天，三天，洋瓷面盆尽管放在花台的边上。这表示不是它偶然寄存，而负着一种使命。晚间凭窗欲眺的时候，看见放学出来的孩子们聚在墙下拍皮球。我欲知道洋瓷面盆的意义，便提出来问他们，才知道这面盆里养着蝌蚪，是春假中他们在田里捉来的。我久不来庭中细看，全然没有知道我家新近养着这些小动物；又因面盆中那些蓝色的图案，细碎而繁多，蝌蚪混迹于其间，我从楼窗上望下去，全然看不出来。

① 洋瓷，即搪瓷。——编者注

蝌蚪是我儿时爱玩的东西，又是学童时代在教科书里最感兴味的东西，说起来可以牵惹种种的回想，我便专诚下楼来看它们。

洋瓷面盆里盛着大半盆清水，瓜子大小的蝌蚪十数个，抖着尾巴，急急忙忙地游来游去，好像在找寻什么东西。孩子们看见我来欣赏他们的作品，大家围集拢来，得意地把关于这作品的种种话告诉我：

“这是从大井头的田里捉来的。”

“是清明那一天捉来的。”

“我们用手捧了来的。”

“我们天天换清水的呀。”

“这好像黑色的金鱼。”

“这比金鱼更可爱！”

“他们为什么不停地游来游去？”

“他们为什么还不变青蛙？”

他们的疑问把我提醒，我看见眼前这盆玲珑活泼的小动物，忽然变成一种苦闷的象征。

我见这洋瓷面盆仿佛是蝌蚪的沙漠。它们不停地游来游去，是为了找寻食物。它们这么久不变成青蛙，是为了不得其生活之所。这几天晚上，附近田里蛙鼓的合奏之声，早已传达到我的床里了。这些蝌蚪倘有耳，一定也会听见它们的同类的歌声。听到了一定悲伤，每晚在这洋瓷面盆里哭泣，亦未可知！它们身上有着泥土水草一般的保护色，它们只活在有滋润的泥土，丰肥的青苔的水田里生活滋长。在那里有它们的营养物，有它们的安息所，有它们的游乐处，还有它们的大群的伴侣。现在被这些孩子们捉了来，关在这洋瓷面盆里，四周围着坚硬的洋铁，全身浸着淡薄的白水，所接触的不是同命运的受难者，便是冷酷的珐琅质。任凭它们镇日急急忙忙地游来游去，终于找不到一种保护它们，慰安它们，生息它们的东西。这在它们是一片渡不尽的大沙漠。它们将以幼虫之身，默默地夭死在这洋瓷面盆里，没有成长变化，而在青草池塘中唱歌跳舞的欢乐的希望了。

这是苦闷的象征，这是象征着某种生活之下的人的灵魂！

二

我劝告孩子们："你们把蝌蚪养在洋瓷面盆中的清水里，它们得不到充分的养料和成长的地方，永远不能变成青蛙，将来统统饿死在这洋瓷面盆里！你们不要把它们当金鱼看待！金鱼原是鱼类，可以一辈子长在水里；蝌蚪是两栖类动物的幼虫，它们盼望长大，长大了要上陆，不能长居水里。你看它们急急忙忙地游来游去，找寻食物和泥土，无论如何也找不到，样子多么可怜！"

孩子们被我这话感动了，颦蹙地向洋瓷面盆里看。有几人便问我："那么，怎么好呢？"

我说："最好是送它们回家——拿去倒在田里。过几天你们去探访，它们都已变成青蛙，'哥哥，哥哥'地叫你们了。"

孩子们都欢喜赞成，就有两人抬着洋瓷面盆，立刻要送它们回家。

我说："天将晚了，我们再留它们一夜明天送回去罢。现在走到花台里拿些它们所欢喜的泥来，放在面盆里，可以让它们吃吃，玩玩。也可让它们知道，我们不再虐待它们，我们先当作客人款待它们一下，明天就护送它们回家。"

孩子们立刻去捧泥，纷纷地把泥投进面盆里去。有的人叫着："轻轻地，轻轻地！别压伤了它们！"

不久，洋瓷面盆底里的蓝色的图案都被泥土遮掩。那些蝌蚪统统钻进泥里，一只也看不见了。一个孩子寻了好久，锁着眉头说："不要都压死了？”便伸手到水里拿开一块泥来看。但见四只蝌蚪密集在面盆底上的泥的凹洞里，四个头凑在一起，尾巴向外放射，好像在那里共食什么东西，或者共谈什么话。忽然一只蝌蚪摇动尾巴，急急忙忙地游了开去。游到别的一个泥洞里去一转，带了别的一只蝌蚪出来，回到原处。五只蝌蚪聚在一起，五条尾巴一齐抖动起来，成为五条放射形的曲线，样子非常美丽。孩子们呀呀地叫将起来。我也暂时忘记了自己的年龄，附和着他们的声音呀呀地叫了几声。

随后就有几人异口同声地要求：“我们不要送它们回家，我们要养在这里！”我在当时的感情上也有这样的要求；但觉得左右为难，一时没有话回答他们，踌躇地微笑着。一个孩子恍然大悟地叫道：“好！我们在墙角里掘一个小池塘倒满了水同田里一样，就把它们养在那里。它们大起来变成青蛙，就在墙角里的地上跳来跳去。”大家拍手说“好！”我也附和着说“好！”大的孩子立刻找到种花用的小锄头，向墙角的泥地上去垦。不久，垦成了面盆大的一个池塘。大家说：“够大了，够大了！”“拿水来，拿水来！”就有两个孩子扛开水缸的盖，用浇花壶提了一壶水来，倾在新开的小池塘里。起初水满满的，后来被泥土吸收，渐渐地浅起来。大家说：“水不够，水不够。”小的孩子要再去提水，大的孩子说：“不必了，不必了，我们只要把洋瓷面盆里的水连泥和蝌蚪倒进塘里，就正好了。”大家赞成。蝌蚪的迁居就这样地完成了。

夜色朦胧，屋内已经上灯。许多孩子每人带了一双泥手，欢喜地回屋里去，回头叫着：“蝌蚪，再会！”“蝌蚪，再会！”“明天再来看你们！”“明天再来看你们！”一个小的孩子接着说：“它们明天也许变成青蛙了。”

三

洋瓷面盆里的蝌蚪，由孩子们给迁居在墙角里新开的池塘里了。孩子们满怀的希望，等候着它们变成青蛙。我便怅然地想起了前几天遗弃在上海的旅馆里的四只小蝌蚪。

今年的清明节，我在旅中度送。乡居太久了有些儿厌倦，想调节一下。就在这清明的时节，做了路上的行人。时值春假，一孩子便跟了我走。清明的次日，我们来到上海。十里洋场，我一看就生厌，还是到城隍庙里去坐坐茶店，买买零星玩意，倒有趣味。孩子在市场的一角看中了养在玻璃瓶里的蝌蚪，指着了要买。出十个铜板买了。后来我用拇指按住了瓶上的小孔，坐在黄包车里带它回旅馆去。

回到旅馆，放在电灯底下的桌子上观赏这瓶蝌蚪，觉得很是别致：这真像一瓶金鱼，共有四只。颜色虽不及金鱼的漂亮，但是游泳的姿势比金鱼更为活泼可爱。当它们潜在瓶边上时，我们可以察知它们的实际的大小只及半粒瓜子。但当它们游到瓶中央时，玻璃瓶与水的凸镜的作用把它们的形体放大，变化参差地映入我们的眼中，样子很是好看。而在这都会的旅馆的楼上的五十支光电灯底下看这东西愈加觉得稀奇。要是在乡间，随你要多少，不妨用斗来量。但在这不见自然面影的都会里，不及半粒瓜子大的四只，便已可贵，要装在玻璃瓶内当作金鱼欣赏了，真有些儿可怜。而我们，原是常住在乡间田畔的人，在这清明节离去了乡间而到红尘万丈的中心的洋楼上来鉴赏玻璃瓶里的四只小蝌蚪，自己觉得可笑。这好比富翁舍弃了家里的酒池肉林而加入贫民队里来吃大饼油条；又好比帝王舍弃了上苑三千而到民间来钻穴窥墙。

一天晚上，我正在床上休息的时候，孩子在桌上玩弄这玻璃瓶，一个失手，把它打破了。水泛滥在桌子上，里面带着大大小小的玻璃碎片，蝌蚪躺在桌上的水痕中蠕动，好似涸泽之鱼，演成不可收拾的光景，归我来办善后。善后之法，第一要救命。我先拿一只茶杯，去茶房那里要些冷水来，把桌上的四只蝌蚪轻轻地掇进茶杯中，供在镜台上了。然后一一拾去玻璃的碎片，揩干桌子。约费了半小时的扰攘，好容易把善后处理完了。去镜台上看看茶杯里的四只蝌蚪，身体都无恙，依然是不停地游来游去，但形体好像小了些，似乎不是原来的蝌蚪了。以前养在玻璃瓶中的时候，因有凸镜的作用，其形状忽大忽小，变化百出，好看得多。现在倒在茶杯里一看，觉得就只是寻常乡间田里的四只蝌蚪，全不足观。都会真是枪花[1]繁多的地方，寻常之物，一到都会里就了不起。这十里洋场的繁华世界，恐怕也全靠着玻璃瓶的凸镜的作用映成如此光怪陆离。一旦失手把玻璃瓶打破了，恐怕也只是寻常乡间田里的四只蝌蚪罢了。

过了几天，家里又有人来上海玩。我们的房间嫌小了，就改赁大房间。大人、孩子，加以茶房，七手八脚地把衣物搬迁。搬好之后立刻出去看上海。为利用好时间，一天到晚跑在外面，乘车，买物，访友，游玩，少有在旅馆里坐的时候，竟把小房间里镜台上的茶杯里的四只小蝌蚪完全忘却了；直到回家后数天，看到花台边上洋瓷面盆里的蝌蚪的时候，方然忆及。现在孩子们给洋瓷面盆里的蝌蚪迁居在墙角里新开的小池塘里，满怀的希望，等候着它们变成青蛙。我更怅然地想起了遗弃在上海的旅馆里的四只蝌蚪。不知它们的结果如何？

大约它们已被茶房妙生倒在痰盂里，枯死在垃圾桶里了？妙生

① 枪花，江南一带方言，意即欺人之计。——编者注

欢喜金铃子，去年曾经想把两对金铃子养过冬，我每次到这旅馆时，他总拿出他的牛筋盒子来给我看，为我谈种种关于金铃子的话。也许他能把对金铃子的爱推移到这四只蝌蚪身上，代我们养着，现在世间还有这四只蝌蚪的小性命的存在，亦未可知。

然而我希望它们不存在。倘还存在，想起了越是可哀！它们不是金鱼，不愿住在玻璃瓶里供人观赏。它们指望着生长，发展，变成了青蛙而在大自然的怀中唱歌跳舞。它们所憧憬的故乡，是水草丰足，春泥黏润的田畴间，是映着天光云影的青草池塘。如今把它们关在这商业大都市的中央，石路的旁边，铁筋建筑的楼上，水门汀砌的房笼内，瓷制的小茶杯里，除了从自来水龙头上放出来的一勺之水以外，周围都是瓷、砖、石、铁、钢、玻璃、电线和煤烟，都是不适于它们的生活而足以致它们死命的东西。世间的凄凉、残酷和悲惨，无过于此。这是苦闷的象征，这象征着某种生活之下的人的灵魂。

假如有谁来报告我这四只蝌蚪的确还存在于那旅馆中，为了象征的意义，我准拟立刻动身，专赴那旅馆中去救它们出来，放乎青草池塘之中。

一九三四年四月廿二日

蜜　蜂[1]

正在写稿的时候，耳朵近旁觉得有“嗡嗡”之声，间以“得得”之声。因为文思正畅快，只管看着笔底下，无暇抬头来探究这是什么声音。然而“嗡嗡”“得得”，也只管在我耳旁继续作声，不稍间断。过了几分钟之后，它们已把我的耳鼓刺得麻木，在我似觉这是写稿时耳旁应有的声音，或者一种天籁，无须去探究了。

等到文章告一段落，我放下自来水笔，照例伸手向罐中取香烟的时候，我才举头看见这“嗡嗡”“得得”之声的来源。原来有一只蜜蜂，向我案旁的玻璃窗上求出路，正在那里乱撞乱叫。

我以前只管自己的工作，不起来为它谋出路，任它乱撞乱叫到这许久时光，心中觉得有些抱歉。然而已经挨到现在，况且一时我也想不出怎样可以使它钻得出去的方法，也就再停一会儿，等我想到再说。

我旁观它的乱撞乱叫。我看它每一次钻，先飞到离玻璃一两寸的地方，然后直冲过去，把它的小头在玻璃上“得，得”地撞两下，然后沿着玻璃“嗡嗡”地向四处飞鸣。其意思是想在哪里找一个出身的洞。也许不是找洞，为的是玻璃上很光滑，使它立脚不住，只得向四处乱舞。乱舞了一会之后，大概它悟到了此路不通，于是再

① 本篇曾载1935年4月《文饭小品》第3期。——编者注

飞开来，飞到离玻璃一两寸的地方，重整旗鼓，向玻璃的另一处地方直撞过去。因此“嗡嗡”“得得”，一直继续到现在。

我看了这模样，觉得非常可怜。求生活真不容易，只做一只小小的蜜蜂，为了生活也会碰到这许多钉子。我诅咒那玻璃，它一面使它清楚地看见窗外花台里含着许多蜜汁的花，以及天空中自由翱翔的同类，一面又周密地拦阻它，永远使它可望而不可即。这真是何等恶毒的东西！它又仿佛是一个骗子，把窗外的广大的天地和灿烂的春色给蜜蜂看，诱它飞来。等到它飞来了，却用一种无形的阻力拦住它，永不使它出头，或竟可使它撞死在这种阻力之下。

因诅咒了玻璃，我又羡慕起物质文明未兴时的幼年生活酌诗趣来。我家祖母年年养蚕。每当蚕宝宝上山的时候，堂前装纸窗以防风。为了一双燕子常要出入，特地在纸窗上开一个碗来大的洞，当作燕子的门，那双燕子似乎通人意，来去时自会把翼稍稍敛住，穿过这洞。这般情景，现在回想了使我何等憧憬！假如我案旁的窗不用玻璃而换了从前的纸窗，我们这蜜蜂总可钻得出去。即使撞两下，也是软软地，没有什么苦痛。求生活在从前容易得多，不但人类社会如此，连虫类社会也如此。

我开始为它谋出路，但这是一件很不容易的事。叫它不要在这里钻，应该回头来从门里出去，它听不懂我的话。用手硬把它捉住了到门外去放，它一定误会我要害它，会用螫反害了我，使我的手肿痛得不能工作。除非给它开窗；但是这扇窗不容易开，窗外堆叠着许多笨重的东西，须得先把这些东西除去，方可开窗。这些笨重的东西不是我一人之力所能除去的。

于是我起身来请同室的人帮忙，大家合力除去窗外的笨重的东西，好把窗开了，让我们这蜜蜂得到出路。但是同室的人大家不肯，他们说，“我们做工都很疲倦了，哪有余力去搬重物而救蜜蜂呢？”我顿觉自己也很疲倦，没有搬这些重物的余力。救蜜蜂的事就成了问题。

忽然门里走进一个人来和我说话。为了不能避免的事，我立刻被他拉了一同出门去，就把蜜蜂的事忘却了。等到我回来的时候，这蜜蜂已不见。不知道是飞去了，被救了，还是撞杀了。

廿四（1935）年三月七日于杭州

养　鸭

除了例假日有长长大大的四个学生——两大学，一高中，一专科——回家来热闹一番之外，经常住在家里的只有三个半人：我们老夫妇二人、一个男工和一个五岁的男孩。但畜生倒有八口：两狗、两猫、两鸽和两鸭。有一位朋友看见了说："人少畜生多。"

这许多畜生之中，我最喜欢的是两只鸭。狗是为了防窃贼设法讨来的，猫是为了抵抗老鼠出了四百多块钱买来的，都有实用性。并且狗的贪婪、无耻和势利，猫的凶狠和谄媚，根本不能使我喜欢。至于鸽子呢，新近友人送来的，养得不久，我虽久仰他们的敏捷和信义，但是交情还浅，尚未领教，也只得派在不欢喜之列。唯有两只鸭，我觉得有意思。

这一对鸭不是原配。来由是这样的：今年暮春，一吟（就是那专科学生）从街上买了一对小鸭回来。小得很，两只可以并排站在手掌上。白天在后门外水田游泳，晚上共睡在一只小篮里，挂在梁上：为的是怕黄鼠狼拖去吃。鸭子长得很快，不久小篮嫌挤，就改睡在一个纸篓里，还是挂在梁上。有一天半夜里，我半睡中听见室内哗啦哗啦地响，后来是鸭子叫。连忙起身，拿电筒一照，只见字纸篓正在摇荡中，下面地上，一只小雄鸭仰卧在血泊中。仔细一看，头颈已被咬断，血如泉涌了。连忙探望字纸篓，小雌鸭幸而还在。

环视室内，凶手早已不知去向了。这件血案闹得全家的人都起来。看看残生的小雌鸭，每个人叹了好几口气。

后来一吟又买了一只小雄鸭来。大小和小雌鸭仿佛。几日来，小雌鸭形单影只，如今又鹣鹣鲽鲽了。自从那件血案发生以后，我们每晚戒备很严，这一对续弦的小鸭，安全地长大起来，直到七月初我们迁居新屋的时候，已经长成一对中鸭了。新屋四周没有邻居，却有篱笆围着一大块空地。我们在篱笆内掘一个小塘，就称为乳鸭池塘。一对鸭子尽日在篱笆内仰观俯察，逡巡游泳，为我的岑寂的闲居生活上增添了一种生趣。不知不觉之间，它们已长成大鸭，全身雪白，两脚大黄[①]，翅膀上几根羽毛，黑色里透着金光，很是美观。它们晚上睡在屋檐下一只箩子底下。箩子上面压上一块石板，也是为防黄鼠狼。谁知有一天的破晓，我睡醒来，听见连新——我们的男工，在叫喊。起来探问，才知道一只雄鸭又被拖去了，一道血迹从箩子边洒到篱笆的一个洞口，洞外也有些点滴，迤逦向荒山而去。查问根由，原来昨夜连新忘记在箩子上压石板，黄鼠狼就来启箩偷鸭了。既经的疏忽也不必责咎。只是以后的情景着实可怜。那雌鸭放出箩来，东寻西找，仰天长鸣，“轧轧”之声，竟日不绝。其声慌张、焦躁，而似乎含有痛楚，使闻者大为不安。所谓“行人驻足听，寡妇起彷徨”者，大约是类乎此的鸣声吧。以前小雄鸭被害了，她满不在乎，照旧吃食游水，我曾经笑她“她毕竟是禽兽！”但照如今看来，毕竟是人的同类，也是意识的，有情的众生。傍晚我偶然走到箩子旁边，看见早上喂的饭全没有动。

雌鸭“丧其所天”之后，一连三四日“轧轧”地哀鸣，东张西

---

① 大黄，即橙黄。

望地寻觅。后来也就沉静了。但样子很异常，时时俯在地上叩头，同时“咯咯”地叫。从前的邻人周婆婆来，看见了，说她是需要雄鸭。我们就托周婆婆做媒，过了几天，周婆婆果然提了一只雄鸭来，身材同她一样大小，毛色比她更加鲜美。雄鸭一到地上，立刻跟着雌鸭悠然而逝，直到屋后篱角，花荫深处盘桓了。他们好像是旧相识的。

这一对鸭就是我现在所喜欢的畜生。我喜欢他们，不仅为了上述的一段哀史，大半也是为了鸭这种动物的性行。从前意大利的列奥巴尔迪（Leopardi）喜欢鸟，曾作“百鸟颂”。鸭也是鸟类，却没有被颂在里头，我实在要替鸭抱不平。许多人说，鸭步行的态度太难看。我以为不然，摇摇摆摆地走路，样子天真自然，另有一种“滑稽美”。狗走起路来皇皇如也，好像去赶公事，猫走起路来偷偷摸摸，好像去干暗杀，这才是真难看。但我之所以喜欢鸭子，主要是为了他们的廉耻。人去喂食的时候，鸭一定远远地避开。直到人走远了才慢慢地走近来吃。正在吃的时候，倘有人远远地走过来，一定立刻舍食而去，绝不留恋。虽然鸭子终吃了人们的饭，但其态度非常漂亮，绝不摇尾乞怜，绝不贪婪争食，颇有“履霜坚冰”之操，“不食嗟来”之志，比较之下，狗和猫实在可耻：狗之贪食，恐怕动物中无出其右了。喂食的时候，人还没有走到食盆边，狗已摇头摆尾地先到，而且把头向空盆里乱钻。所以倒下去的食物往往都倒在狗头上。猫是上桌子的畜生，其贪吃更属可怕。不管是灶头上，还是柜子里，乘人不备，到处偷吃。甚至于人们吃饭的时候，会跳上人膝，向人的饭碗里抢东西吃。一旦抢到了美味的食物，若有人追打，便发出一种吼声，其声的凶狠，

可以使人想象老虎或雷电。足证它是用尽全身之力，为食物而拼命了。凡此种种丑态在我们的鸭子全然没有。鸭子，即使人们忘了喂食，仍是摇摇摆摆地自得其乐。这不是最可爱的动物吗？

这两只鸭，我决定养它们到老死。我想准备一只笼子，将来好关进笼里，带它们坐轮船，穿过巴峡巫峡，经过汉口南京，一同回到我的故乡。

一九四三年十一月十七日

白　象

白象是我家的爱猫，本来是我的次女林先家的爱猫，再本来是段老太太家的爱猫。

抗战初，段老太太带了白象逃难到大后方。胜利后，又带了它复员到上海，与我的次女林先及吾婿宋慕法邻居。不知为了什么原因，段老太太把白象和它的独子小白象寄交林先、慕法家，变成了他们的爱猫。我到上海，林先、慕法又把白象寄交我，关在一只“无锡面筋”的笼里，上火车，带回杭州，住在西湖边上的小屋里，变成了我家的爱猫。

白象真是可爱的猫！不但为了它浑身雪白，伟大如象，又为了它的眼睛一黄一蓝，叫作“日月眼”。它从太阳光里走来的时候，瞳孔细得几乎没有，两眼竟像话剧舞台上所装置的两只光色不同的电灯，见者无不惊奇赞叹。收电灯费的人看见了它，几乎忘记拿钞票；查户口的警察看见了它，也暂时不查了。

白象到我家后，慕法、林先常写信来，说段老太太已迁居他处，但常常来他们家访问小白象，目的是探问白象的近况。我的幼女一吟，同情于段老太太的离愁，常常给白象拍照，寄交林先转交段老太太，以慰其相思。同时对于白象，更增爱护。每天一吟读书回家，或她的大姐陈宝教课回家，一坐倒，白象就跳到她们的膝上，老实不客气地睡了。她们不忍拒绝，就坐着不动，向人要茶，要水，要换鞋，要报看。有时工人不在身边，我同老妻就当听差，送茶，送水，送鞋，送报。我们是间接服侍白象。

有一天，白象不见了。我们侦骑四出，遍寻不得。正在担忧，它偕同一只斑花猫，悄悄地回来了，大家惊喜。女工秀英说，这是招贤寺里的雄猫，说过笑起来。经过一个短促的休止符，大家都笑起来。原来它是到和尚寺里去找恋人去了，害得我们急死。

此后斑花猫常来，它也常去，大家不以为奇。我觉得白象更可爱了。因为它不像鲁迅先生的猫，恋爱时在屋顶上怪声怪气，吵得他不能读书写稿，而用长竹竿来打。后来它的肚皮渐渐大起来了。约莫两三个月之后，它的肚皮大得特别，竟像一只白象了。我们用一只旧箱子，把盖拿去，作为它的产床。有一天，它临盆了，一胎五子，三只雪白的，两只斑花的。大家称庆，连忙叫男工樟鸿到岳坟去买新鲜鱼来给它吃。女孩子们天天冲克宁奶粉给它喝。

小猫日长夜大，两星期之后，都会爬动。白象育儿耐苦得很，日夜躺卧，让五个孩子纠缠。它的身体庞大，在五只小猫看来，好比一个丘陵。它们恣意爬上爬下，好像西湖上的游客爬孤山一样。这光景真是好看！

不料有一天，一只小花猫死了。我的幼儿新枚，哭了一场，拿一条美丽牌香烟的匣子，给它葬在西湖边的草地中。余下的四只，就特别爱惜。

我家有七个孩子，三个在外，四个在杭州，他们就把四只小猫分领，各认一只。长女陈宝领了花猫，三女宁馨、幼女一吟、幼儿新枚，各领一只白猫。过了几日，一只小白猫又死了。剩下三只，一花二白，都很健康，看看已能吃鱼吃饭，不必全靠吃奶了。白象的母氏劬（qú勤劳）劳，也渐渐减省。它不必日夜躺着喂奶，可以随时出去散步，或跳到女孩子们的膝上去睡觉了。女孩子们笑它："做了母亲还要别人抱？"它不理，管自睡在人家怀里。

有一天，白象不回来吃中饭。"难道又到和尚寺里去找恋人了？"大家疑问。等到天黑，终于不回来。秀英当夜到寺里去寻，不见。明天，又不回来。问题严重起来，我就写二张海报："寻猫：敝处走失日月眼大白猫一只。如有仁人君子觅得送还，奉酬法币十万元。储款以待，决不食言。××路××号谨启。"过了两天，有邻人来言，"前几天看见一大白猫死在地藏庵与复性书院之间的水沼里，恐怕是你们的"。我们闻耗奔丧，找不到尸体。问地藏庵里的警察，也说不知；又说，大概清道夫取去了。我们回家，大家沉默志哀，接着就讨论它的死因。有的说是它自己失脚落水，有的说是顽童推它下水，莫衷一是。后来新枚来报告，邻家的孩子曾经看见一只大白猫死在水沼上的大柳树根上，后来被人踢到水沼里。孩子不会说诳，此说大约可靠。且我听说，猫不肯死在家里，自知临命终了，必远行至无人处，然后辞世。故此说更觉可靠。我觉得这点"猫性"，颇可赞美。这有壮士风：不愿死户牖下儿女之手中，而情愿战死沙场，马革裹尸。这又有高士风，不愿病死在床上，而情愿遁迹深山，不知所终。总之，白象确已不在"猫间"了！

白象失踪的第二天，林先从上海来杭。一到，先问白象。骤闻

噩耗，惊惶失色。因为她原是受了段老太太之托，此番来杭将把白象带回上海，重归旧主的。相差一天，天缘何悭！然而天实为之，谓之何哉。所幸它还有三个遗孤，虽非日月眼，而壮健活泼，足以承继血统。为防损失，特把一匹小花猫寄交我的好友家。其余两只小白猫，常在我的身边。每逢我架起了脚看报或吃酒的时候，它们爬到我的两只脚上，一高一低，一动一静，别人看见了都要笑。我倒已经习以为常，似觉一坐下来，脚上天生长有两只小猫似的。

一九四七年五月二十七日于杭州

阿　咪

阿咪者，小白猫也。十五年前我曾为大白猫“白象”写文。白象死后又曾养一黄猫，并未为它写文。最近来了这阿咪，似觉非写不可了。盖在黄猫时代我早有所感，想再度替猫写照。黄猫短命而死之后，写文之念遂消。直至最近，友人送了我这阿咪，此念复萌，不可遏止。率尔命笔，也顾不得世道人心了。

阿咪之父是中国猫，之母是外国猫。故阿咪毛甚长，有似兔子。想是秉承母教之故，态度异常活泼，除睡觉外，竟无片刻静止。地上倘有一物，便是它的游戏伴侣，百玩不厌。人倘理睬它一下，它就用姿态动作代替言语，和你大打交道。此时你即使有要事在身，也只得暂时撇开，与它应酬一下；即使有懊恼在心，也自会忘怀一切，笑逐颜开。哭的孩子看见了阿咪，会破涕为笑呢。

我家平日只有四个大人和半个小孩。半个小孩者，便是我女儿的干女儿，住在隔壁，每星期三天宿在家里，四天宿在这里，但白天总是上学。因此，我家白昼往往岑寂，写作的埋头写作，做家务的专心家务，肃静无声，有时竟像修道院。自从来了阿咪，家中忽然热闹了。厨房里常有保姆的话声或骂声，其对象便是阿咪。室中常有陌生的笑谈声，是送信人或邮递员在欣赏阿咪。来客之中，送信人及邮递员最是枯燥，往往交了信件就走，绝少开口谈话。自从家里有了阿咪，这些客人亲昵得多了。常常因猫而问长问短，有说有笑，送出了信件还是流连不忍遽（jù 匆忙）去。

访客之中，有的也很枯燥无味。他们是为公事或私事或礼貌而来的，谈话有的规矩严肃，有的啰嗦疙瘩，有的虚空无聊，谈完了天气之后只得墨守冷场。然而自从来了阿咪，我们的谈话有了插曲，有了调节，主客都舒畅了。有一个为正经而来的客人，正在侃侃而谈之时，看见阿咪姗姗而来，注意力便被吸引，不能再谈下去，甚至我问他也不回答了。又有一个客人向我叙述一件颇伤脑筋之事，谈话冗长曲折，连听者也很吃力。谈至中途，阿咪蹦跳而来，无端地仰卧在我面前了。这客人正在愤慨之际，忽然转怒为喜，停止发言，赞道："这猫很有趣！"便欣赏它，抚弄它，获得了片刻的休息与调节。有一个客人带了个孩子来。我们谈话，孩子不感兴趣，在旁枯坐。我家此时没有小主人可陪小客人，我正抱歉，忽然阿咪从沙发下钻出，抱住了我的脚。于是大小客人共同欣赏阿咪，三人就团结一气了。

后来我应酬大客人，阿咪替我招待小客人，我这主人就放心了。原来小朋友最爱猫，和它厮伴半天，也不厌倦。因为他们有一共通性：活泼好动。女孩子更喜欢猫，逗它玩它，抱它喂它，劳而不怨。因为她们也有个共通性：娇痴亲昵。

写到这里，我回想起已故的黄猫来了。这猫名叫"猫伯伯"。在我们故乡，伯伯不一定是尊称。我们称贼

为“贼伯伯”，故猫也不妨称为“猫伯伯”。大约对于特殊而引人注目的人物，都可讥讽地称之为“伯伯”。这猫的确是特殊而引人注目的。我的女儿最喜欢它。有时她正在写稿，忽然猫伯伯跳上书桌来，面对着她，端端正正地坐在稿纸上了。她不忍驱逐，就放下了笔，和它玩耍一会。有时它竟盘拢身体，就在稿纸上睡觉了，身体仿佛一堆牛粪，正好装满了一张稿纸。有一天，来了一位难得光临的贵客。我正襟危坐，专心应对。“久仰久仰”，“岂敢岂敢”，有似演剧。忽然猫伯伯跳上矮桌来，嗅嗅贵客的衣袖。我觉得太唐突，想赶走它。贵客却抚它的背，极口称赞：“这猫真好！”话头转向了猫，紧张的演剧就变成了和乐的闲谈。后来我把猫伯伯抱开，放在地上，希望它去了，好让我们演完这一幕。岂知过得不久，忽然猫伯伯跳到沙发背后，迅速地爬上贵客的背脊，端端正正地坐在他的后颈上了！这贵客身体魁梧奇伟，背脊颇有些驼，坐着喝茶时，猫伯伯看来以为是个小山坡，爬上去很不费力。此时我但见贵客的天官赐福的面孔上方，露出一个威风凛凛的猫头，画出来真好看呢！我以主人口气呵斥猫伯伯的无礼，一面起身捉猫。但贵客摇手阻止，把头低下，使山坡平坦些，让猫伯伯坐得舒服。如此甚好，我也何必做煞风景的主人呢？于是主客关系亲密起来，交情深入了一步。

可知猫是男女老幼一切人民大家喜爱的动物。猫的可爱，可说是群众意见。而实际上，如上所述，猫的确能化岑寂为热闹，变枯燥为生趣，转懊恼为欢笑；能助人亲善，教人团结。即使不捕老鼠，也有功于人生。那么我今为猫写照，恐是未可厚非之事吧？猫伯伯行年四岁，短命而死。这阿咪青春尚只三个月。希望它长寿健康，像我老家的老猫一样，活到十八岁。这老猫是我的父亲的爱物。父亲晚酌时，它总是端坐在酒壶边。父亲常常摘些豆腐干喂它。六十年前之事，今犹历历在目呢。

壬寅（1962）年仲夏于上海

给我的孩子们

我的孩子们！我憧憬于你们的生活，每天不止一次！我想委曲地说出来，使你们自己晓得。可惜到你们懂得我的话的意思的时候，你们将不复是可以使我憧憬的人了。这是何等可悲哀的事啊！

瞻瞻！你尤其可佩服。你是身心全部公开的真人。你什么事情都想拼命地用全副精力去对付。小小的失意，像花生米翻落地了，自己嚼了舌头了，小猫不肯吃糕了，你都要哭得嘴唇泛白，昏去一两分钟。外婆普陀去烧香买回来给你的泥人，你何等鞠躬尽瘁地抱他，喂他；有一天你自己失手把他打破了，你的号哭的悲哀，比大人们的破产、失恋、broken heart（心碎）、丧考妣（父母的别称）、全军覆没的悲哀都要真切。两把芭蕉扇做的脚踏车，麻雀牌堆成的火车、汽车，你何等认真地看待，挺直了嗓子叫“汪——”“咕咕咕……”来代替汽笛。宝姐姐讲故事给你听，说到“月亮姐姐挂下一只篮来，宝姐姐坐在篮里吊了上去，瞻瞻在下面看”的时候，你何等激昂地同她争，说“瞻瞻要上去，宝姐姐在下面看！”甚至哭到漫姑[1]面前去求审判。我每次剃了头，你真心地疑我变了和尚，好几时不要我抱。最是今年夏天，你坐在我膝上发现了我腋下的长毛，当作黄鼠狼的时候，你何等伤心，你立刻从我身上爬下去，起初眼瞪瞪地

① 漫姑，即作者的三姐。——编者注

对我端相，继而大失所望地号哭，看看，哭哭，如同对被判定了死罪的亲友一样。你要我抱你到车站里去，多多益善地要买香蕉，满满地擒了两手回来，回到门口时你已经熟睡在我的肩上，手里的香蕉不知落在哪里去了。这是何等可佩服的直率、自然与热情！大人间的所谓“沉默”“含蓄”“深刻”的美德，比起你来，全是不自然的，病的，伪的！

你们每天坐火车、坐汽车、办酒、请菩萨、堆六面画、唱歌，全是自动的，创造创作的生活。大人们的呼号“归自然！”“生活的艺术化！”“劳动的艺术化！”在你们面前真是出丑得很了！依样画几笔画，写几篇文的人称为艺术家、创作家，对你们更要愧死！

你们的创作力，比大人真是强盛得多哩：瞻瞻！你的身体不及椅子的一半，却常常要搬动它，与它一同翻倒在地上；你又要把一杯茶横转来藏在抽斗里，要皮球停在壁上，要拉住火车的尾巴，要月亮出来，要天停止下雨。在这等小小的事件中，明明表示着你们的小弱的体力与智力不足以应付强盛的创作欲、表现欲的驱使，因而遭逢失败。然而你们是不受大自然的支配，不受人类社会的束缚的创造者，所以你的遭逢失败，例如火车尾巴拉不住，月亮呼不出来的时候，你们决不承认是事实的不可能，总以为是爹爹妈妈不肯帮你们办到，同不许你们弄自鸣钟同例，所以愤愤地哭了，你们的世界何等广大！

你们一定想：终天无聊地伏在案上弄笔的爸爸，终天闷闷地坐在窗下弄引线的妈妈，是何等无气性的奇怪的动物！你们

所视为奇怪动物的我与你们的母亲，有时确实难为了你们，摧残了你们，回想起来，真是不安心得很！

阿宝！有一晚你拿软软的新鞋子，和自己脚上脱下来的鞋子，给凳子的脚穿了，划袜立在地上，得意地叫“阿宝两只脚，凳子四只脚”的时候，你母亲喊着“龌龊了袜子！”立刻擒你到藤榻上，动手毁坏你的创作。当你蹲在榻上注视你母亲动手毁坏的时候，你的小心里一定感到“母亲这种人，何等煞风景而野蛮”吧！

瞻瞻！有一天开明书店送了几册新出版的毛边的《音乐入门》来。我用小刀把书页一张一张地裁开来，你侧着头，站在桌边默默地看。后来我从学校回来，你已经在我的书架上拿了一本连史纸印的中国装的《楚辞》，把它裁破了十几页，得意地对我说：“爸爸！瞻瞻也会裁了！”瞻瞻！这在你原是何等成功的欢喜，何等得意的作品！却被我一个惊骇的“哼！”字喊得你哭了。那时候你也一定抱怨“爸爸何等不明”吧！

软软！你常常要弄我的长锋羊毫，我看见了总是无情地夺脱你。现在你一定轻视我，想道：“你终于要我画你的画集的封面！”[①]最不安心的，是有时我还要拉一个你们所最怕的陆露沙医生来。让他用他的大手来摸你们的肚子，甚至用刀来在你们臂上割几下，还要让妈妈和漫姑擒住了你们的手脚，捏住了你们的鼻子，把很苦的水灌到你们的嘴里去。这在你们一定认为是太无人道的野蛮举动吧！

孩子们！你们真果抱怨我，我倒欢喜；到你

①《子恺画集》的封面画是软软所作的。

们的抱怨变为感谢的时候，我的悲哀来了！

我在世间，永没有遇到像你们样出肺肝相示的人。世间的人群结合，永没有像你们那样的彻底的真实而纯洁。最是我到上海去干了无聊的所谓“事”回来，或者去同不相干的人们做了叫作“上课”的一种把戏回来，你们在门口或车站旁等我的时候，我心中何等惭愧又欢喜！惭愧我为什么去做这等无聊的事，欢喜我又得暂时放怀一切地加入你们的真生活的团体。

但是，你们的黄金时代有限，现实终于要暴露的。这是我经验过来的情形，也是大人们谁也经历过的情形。我眼看见儿时的伴侣中的英雄、好汉，一个个退缩、顺从、妥协、屈服起来，到像绵羊的地步。我自己也是如此。“后之视今，亦犹今之视昔”，你们不久也要走这条路呢！

我的孩子们！憧憬于你们的生活的我，痴心要为你们永远挽留这黄金时代在这册子里。然这真不过像“蜘蛛网落花”略微保留一点春的痕迹而已。且到你们懂得我这片心情的时候，你们早已不是这样的人，我的画在世间已无可印证了！这是何等可悲哀的事啊！

《子恺画集》代序，一九二六年圣诞节。①

---

① 作为《子恺画集》代序，本篇篇末所署为：1926 年圣诞节，病起，作于炉边。

华瞻的日记

一

隔壁二十三号里的郑德菱，这人真好！今天妈妈抱我到门口，我看见她在水门汀上骑竹马。她对我一笑，我分明看出这一笑是叫我去一同骑竹马的意思。我立刻还她一笑，表示我极愿意，就从母亲怀里走下来，和她一同骑竹马了。两人同骑一枝竹马，我想转弯了，她也同意；我想走远一点，她也欢喜；她说让马儿吃点草，我也高兴；她说把马儿系在冬青上，我也觉得有理。我们真是同志和朋友！兴味正好的时候，妈妈出来拉住我的手，叫我去吃饭。我说："不高兴。"妈妈说："郑德菱也要去吃饭了！"果然郑德菱的哥哥叫着"德菱！"也走出来拉住郑德菱的手去了。我只得跟了妈妈进去。当我们将走进各自的门口的时候，她回头向我一看，我也回头向她一看，各自进去，不见了。

我实在无心吃饭。我晓得她一定也无心吃饭。不然，何以分别的时候她不对我笑，而且脸上很不高兴呢？我同她在一块，真是说不出的有趣。吃饭何必急急？即使要吃，尽可在空的时候吃。其实照我想来，像我们这样的同志，天天在一块吃饭，在一块睡觉，多好呢？何必分作两家？即使要分作两家，反正爸爸同郑德菱的爸爸很要好，妈妈也同郑德菱的妈妈常常谈笑，尽可你们大人住一块，我们小孩子住一块，不更好吗？

这“家”的分配法，不知是谁定的，真是无理之极了。想来总是大人们弄出来的。大人们的无理，近来我常常感到，不止这一端：那一天爸爸同我到先施公司去，我看见地上放着许多小汽车、小脚踏车，这分明是我们小孩子用的，但是爸爸一定不肯给我拿一部回家，让它许多空摆在那里。回来的时候，我看见许多汽车停在路旁，我要坐，爸爸一定不给我坐，让它们空停在路旁。又有一次，娘姨抱我到街里去，一个掮着许多小花篮的老太婆，口中吹着笛子，手里拿着一只小花篮，向我看，把手中的花篮递给我，然而娘姨一定不要，急忙抱我走开去。这种小花篮，原是小孩子玩的，况且那老太婆明明表示愿意给我，娘姨何以一定叫我不要接呢？娘姨也无理，这大概是爸爸教她的。

我最欢喜郑德菱。她同我站在地上一样高，走路也一样快，心情志趣都完全投合。宝姐姐或郑德菱的哥哥，有些不近情的态度，我看他们不懂。大概是他们身体长大，稍近于大人，所以心情也稍像大人的无理了。宝姐姐常常要说我“痴”。我对爸爸说，要天不下雨，好让郑德菱出来，宝姐姐就用指点着我，说：“瞻瞻痴！”怎么叫“痴”？你每天不来同我玩耍，夹了书包到学校里去，难道不是“痴”吗？爸爸整天坐在桌子前，在文章格子上一格一格地填字，难道不是“痴”吗？天下雨，不能出去玩，不是讨厌的吗？我要天不要下雨，正是近情合理的要求。我每天晚上听见你要爸爸开电灯，爸爸给你开了，满房间就明亮；现在我也要爸爸叫天不下雨，爸爸给我做了，晴天岂不也爽快呢？你何以说我“痴”？郑德菱的哥哥虽然没有说我什么，然而我总讨厌他。我们玩耍的时候，他常常板起脸，来拉郑德菱，说“赤了脚到人家家里，不怕难为情！”又说

“吃人家的面包，不怕难为情！”立刻拉了她去。“难为情”是大人们惯说的话，大人们常常不怕厌气，端坐在椅子里，点头，弯腰，说什么“请，请”，“对不起”，“难为情”一类的无聊的话。他们都有点像大人了！

啊！我很少知己！我很寂寞！母亲常常说我“会哭”，我哪得不哭呢？

二

今天我看见一种奇怪的现状：

吃过糖粥，妈妈抱我走到吃饭间里的时候，我看见爸爸身上披一块大白布，垂头丧气地朝外坐在椅子上，一个穿黑长衫的麻脸的陌生人，拿一把闪亮的小刀，竟在爸爸后头颈里用劲地割。啊哟！这是何等奇怪的现状！大人们的所为，真是越看越稀奇了！爸爸何以甘心被这麻脸的陌生人割呢？痛不痛呢？

更可怪的，妈妈抱我走到吃饭间里的时候，她明明也看见这爸爸被割的骇人的现状。然而她竟毫不介意，同没有看见一样。宝姐姐夹了书包从天井里走进来，我想她见了一定要哭。谁知她只叫一声“爸爸”，向那可怕的麻子一看，就全不经意地到房间里去挂书包了。前天爸爸自己把手指割开了，她不是大叫“妈妈”，立刻去拿棉花和纱布来吗？今天这可怕的麻子咬紧了牙齿割爸爸的头，何以妈妈和宝姐姐都不管呢？我真不解了。可恶的，是那麻子。他耳朵上还夹着一支香烟，同爸爸夹铅笔一样。他一定是没有铅笔的人，一定是坏人。

后来爸爸挺起眼睛叫我：“华瞻，你也来剃头，好否？”

爸爸叫过之后，那麻子就抬起头来，向我一看，露出一颗闪亮的金牙齿来。我不懂爸爸的话是什么意思，我真怕极了。我忍不住抱住妈妈的项颈而哭了。这时候妈妈、爸爸和那个麻子说了许多话，我都听不清楚，又不懂。只听见“剃头”“剃头”，不知是什么意思。我哭了，妈妈就抱我由天井里走出门外。走到门边的时候，我偷眼向里边一望，从窗缝窥见那麻子又咬紧牙齿，在割爸爸的耳朵了。

门外有学生在抛球，有兵在体操，有火车开过。妈妈叫我不要哭，叫我看火车。我悬念着门内的怪事，没心情去看风景，只是凭在妈妈的肩上。

我恨那麻子，这一定不是好人。我想对妈妈说，拿棒去打他。然而我终于不说。因为据我的经验，大人们的意见往往与我相左。他们往往不讲道理，硬要我吃最不好吃的“药”，硬要我做最难当的“洗脸”，或坚决不许我弄最有趣的水，最好看的火。今天的怪事，他们对之都漠然，意见一定又是与我相左的。我若提议去打，一定不被赞成。横竖拗不过他们，算了吧。我只有哭！最可怪的，平常同情于我的弄水弄火的宝姐姐，今天也跳出门来笑我，跟了妈妈说我“痴子”。我只有独自哭！有谁同情于我的哭呢？

到妈妈抱了我回来的时候，我才仰起头，预备再看一看，这怪事怎么样了？那可恶的麻子还在否？谁知一跨进墙门槛，就听见“拍，拍”的声音。走进吃饭间，我看见那麻子正用拳头打爸爸的背。“拍，拍”的声音，正是打的声音。可见他一定是用力打的，爸爸一定很痛。然而爸爸何以任他打呢？妈妈何以又不管呢？我又哭。妈妈急急地抱我到房间里，对娘姨讲些话，两人都笑起来，都对我讲了许多话。然而我还听见隔壁打人的“拍，拍”的声音，无心去听她们的话。

爸爸不是说过“打人是最不好的事”吗？那一天软软不肯给我香烟牌子，我打了她一掌，爸爸曾经骂我，说我不好；还有那一天我打碎了寒暑表，妈妈打了我一下屁股，爸爸立刻抱我，对妈妈说“打不行。”何以今天那麻子在打爸爸，大家不管呢？我继续哭，我在妈妈的怀里睡去了。

我醒来，看见爸爸坐在钢琴旁边，似乎无伤，耳朵也没有割去，不过头很光白，像和尚了。我见了爸爸，立刻想起了睡前的怪事，然而他们——爸爸、妈妈等——仍是毫不介意，绝不谈起。我一回想，心中非常恐怖又疑惑。明明是爸爸被割项颈，割耳朵，又被用拳头打，大家却置之不问，任我一个人恐怖又疑惑。唉！有谁同情于我的恐怖？有谁为我解释这疑惑呢？

一九二七年初夏[①]

① 本文篇末原未署日期。这里所署的日期是发表在《一般》杂志时篇末所署。在新中国成立后作者自编的《缘缘堂随笔》（人民文学出版社 1957 年 11 月初版）中，篇末误署为：1926 年作。——编者注

送阿宝出黄金时代

阿宝，我和你在世间相聚，至今已十四年了，在这五千多天内，我们差不多天天在一处，难得有分别的日子。我看着你呱呱坠地，嘤嘤学语，看你由吃奶改为吃饭，由匍匐学成跨步。你的变化微微地逐渐地长进，没有痕迹，使我全然不知不觉，以为你始终是我家的一个孩子，始终是我们这家庭里的一种点缀，始终可做我和你母亲的生活的慰安者。然而近年来，你态度行为的变化，渐渐证明其不然。你已在我们的不知不觉之间长成了一个少女，快将变为成人了。古人谓："父母之年不可不知也，一则以喜，一则以惧。"我现在反行了古人的话，在送你出黄金时代的时候，也觉得悲喜交集。

所喜者，近年来你的态度行为的变化，都是你将由孩子变成成人的表现。我的辛苦和你母亲的劬劳似乎有了成绩，私心庆慰。所悲者，你的黄金时代快要度尽，现实渐渐暴露，你将停止你的美丽的梦，而开始生活的奋斗了，我们仿佛丧失了一个从小依傍在身边的孩子，而另得了一个新交的知友。"乐莫乐兮新相知"，然而旧日天真烂漫的阿宝，从此永远不得再见了！

记得去春有一天，我拉了你的手在路上走。落花的风把一阵柳絮吹在你的头发上、脸孔上和嘴唇上，使你好像冒了雪，生了白胡须。我笑着搂住了你的肩，用手帕为你拂拭。你也笑着，仰起了头依在我的身旁。这在我们原是极寻常的事：以前每天你吃过饭，是我同你洗脸的。然而路上的人向我们注视，对我们窃笑，其意思仿佛在说："这样大的姑娘儿，还在路上让父亲搂住了拭脸孔！"我忽然看见你的身体似乎高大了，完全发育了，已由中性似的孩子变成十足的女性了。我忽然觉得，我与你之间似乎筑起一堵很高、很坚、很厚的无影的墙。你在我的怀抱中长起来，在我的提携中大起来，但从今以后，我和你将永远分居于两个世界了。一刹那间我心中感到深痛的悲哀。我怪怨你何不永远做一个孩子而定要长大起来，我怪怨人类中何必有男女之分。然而怪怨之后立刻破悲为笑，恍悟这不是当然的事，可喜的事么？

记得有一天，我从上海回来。你们兄弟姊妹照例拥在我身旁，等候我从提箱中取出"好东西"来分。我欣然地取出一束巧克力来，分给你们每人一包。你的弟妹们到手了这五色金银的巧克力，照例欢喜得大闹一场，雀跃地拿去尝新了。你受持了这赠品也表示欢喜，跟着弟妹们去了。然而过了几天，我偶然在楼窗中望下来，看见花台旁边，你拿着一包新开的巧克力，正在分给弟妹三人。他们各自争多嫌少，你忙着为他们均分。在一块缺角的巧克力上添了一张五色金银的包纸派给小妹妹了，方才三面公平。他们欢喜地吃糖了，你也欢喜地看他们吃。这使我觉得惊奇。吃巧克力，向来是我家儿童们的一大乐事。因为乡村里只有箬叶包的糖塌饼，草纸包的状元糕，没有这种五色金银的糖果；只有甜煞的粽子糖，咸煞的盐青果，没有这种异香异味的糖果。所以我每次到上海，一定要买些回来分给儿童，籍添家庭的乐趣。儿童们切望我回家的目的，大半就在这"好东西"上。你向来也是这"好东西"的切望者之一。你曾经和弟妹们赌赛谁是最后吃完；你曾经把五色金银的锡纸积受起来制成华丽的手工品，使弟妹们艳羡。这回你怎么一想，肯把自己的一包藏起来，如数分给弟妹们吃呢？我看你为他们分均匀了之后表示非常的欢喜，同从前赌得了最后吃完时一样，不觉倚在楼上独笑起来。因为我忆起了你小时候的事：十来年之前，你是我家里的一个捣乱分子，每天为了要求的不满足而哭几场，挨母亲打几顿。你吃蛋只要吃蛋黄，不要吃蛋白，母亲偶然夹一筷蛋白在你的饭碗里，你便把饭粒和蛋白乱拨在桌子上，同时大喊“要黄！要黄！”你以为凡物较好者就叫作“黄”。所以有一次你要小椅子玩耍，母亲搬一个小凳子给你，你也大喊“要黄！要黄！”你要长竹竿玩，母亲拿一根“史的克”[①]给你，你也大喊“要黄！要黄！”你看不起那时候还只一二岁而不会活动的软软。吃东西时，把不好吃的东西留着给软软吃；讲故事时，把不幸的角色派给软软当。向母亲有所要求而不得允许的时候，你就高声地问：“当错软软吗？当错软软吗？”你的意思以为：软软这个人要不得，其要求可以不允许；而阿宝是一个重要不过的人，其要求岂有不允许之理？今所以不允许者，大概是当错了软软的缘故。所以每次高声地提醒你母亲，务要她证明阿宝正身，允许一切要求而后已。这个一味“要黄”而专门欺侮弱小的捣乱分子，今天在那里牺牲自己的幸福来增殖弟妹们的幸福，使我看了觉得可笑，又觉得可悲。你往日的一切雄心和梦想已经宣告失败，开始在遏制自己的要求，忍耐自己的欲望，而谋

① 英文 stick 的译音，意即手杖。

他人的幸福了；你已将走出唯我独尊的黄金时代，开始在尝人类之爱的辛味了。

记得去年有一天，我为了必要的事，将离家远行。在以前，每逢我出门了，你们一定不高兴，要阻住我，或者约我早归。在更早的以前，我出门须得瞒过你们。你弟弟后来寻我不着，须得哭几场。我回来了，倘预知时期，你们常到门口或半路上来迎候。我所描的那幅题曰《爸爸还不来》的画，便是以你和你的弟弟的等我归家为题材的。因为我在过去的十来年中，以你们为我的生活慰安者，天天晚上和你们谈故事、做游戏、吃东西，使你们都觉得家庭生活的温暖，少不来一个爸爸，所以不肯放我离家。去年这一天我要出门了，你的弟妹们照旧为我惜别，约我早归。我以为你也如此，正在约你何时回家和买些什么东西来，不意你却劝我早去，又劝我迟归，说你有种种玩意可以骗住弟妹们的阻止和盼待。原来你已在我和你母亲谈话中闻知了我此行有早去迟归的必要，决意为我分担生活的辛苦了。我此行感觉轻快，但又感觉悲哀。因为我家将少却了一个黄金时代的幸福儿。

以上原都是过去的事，但是常常挂在我的心头，使我不能忘却。现在，你已做中学生，不久就要完全脱离黄金时代而走向成人的世间去了。我觉得你此行比出嫁更重大。古人送女儿出嫁诗云："幼为长所育，两别泣不休。对此结中肠，义往难复留。"你出黄金时代的"义往"，实比出嫁更"难复留"，我对此安得不"结中肠"？所以现在追述我的所感，写这篇文章来送你。你此后的去处，就是我这册画集里所描写的世间。我对于你此行很不放心。因为这好比把你从慈爱的父母身旁遣嫁到恶姑的家里去，正如前诗中说："自小闺内训，事姑贻我忧。"事姑取甚样的态度，我难于代你决定。

但希望你努力自爱，勿贻我忧而已。

约十年前，我曾作一册描写你们的黄金时代的画集（《子恺画集》）。其序文（《给我的孩子们》）中曾经有这样的话："我的孩子们！我憧憬于你们的生活，每天不止一次！我想委曲地说出来，使你们自己晓得。可惜到你们懂得我的话的时候，你们将不复是可以使我憧憬的人了。这是何等可悲哀的事啊！""但是你们的黄金时代有限，现实终于要暴露的。这是我经验过来的情形，也是大人们谁也经历过来的情形。我眼看见儿时伴侣中的英雄、好汉，一个个退缩、顺从、妥协、屈服起来，到像绵羊的地步。我自己也是如此。'后之视今，亦犹今之视昔'，你们不久也要走这条路呢！"写这些话时的情景还历历在目，而现在你果然已经"懂得我的话"了！果然也要"走这条路"了！无常迅速，念此又安得不结中肠啊！

廿三（1934）年岁暮，选辑近作漫画，定名为《人间相》，付开明出版。选辑既竟，取十年前所刊《子恺画集》比较之，自觉画趣大意。读序文，不觉心情大异。遂写此篇，以为《人间相》辑后感。

翡翠笛

“南北山头多墓田，清明祭扫各纷然。纸灰化作白蝴蝶，血泪染成红杜鹃。日落狐狸眠冢上，夜归儿女笑灯前。人生有酒须当醉，一点何曾到九泉！”从前姐姐读这首诗，我听得熟了。当时不知道什么意思，跟着姐姐信口唱，只觉得音节很好。今天在扫墓船里，又听见姐姐唱这首诗。我问明白了字句的意味，不觉好笑起来，对姐姐说：“这原来是咏清明扫墓的诗，今天唱，很合时宜，但我又觉得不合事理：我们每年清明上坟，不是向来当作一件乐事的吗？我家的扫墓竹枝词中，有一首是‘双双画桨荡轻波，一路春风笑语和。望见坟前堤岸上，松阴更比去年多。’多么快乐！怎么古人上坟会哭出‘血泪’来，直到上好坟回家，还要埋怨儿女在灯前笑呢？末后两句最可笑了：‘人生有酒须当醉’，人生难道是为吃酒的？酒醉糊涂，还算什么‘人生’？我真不解这首诗的好处。”

爸爸在座，姐姐每逢理论总是不先说的。她看看我，又看看爸爸，仿佛在说：“你问爸爸！”爸爸懂得她的意思，自动地插嘴了：“中国古代诗人提倡吃酒，确是一种颓废的人生观。像你，现代的少年人，自然不能和他们同情的。但读诗不可过于拘泥事实，这首诗的末两句，也可看作咏叹人生无常，劝人及时努力的，却不可拘泥于酒。喜欢吃酒的说酒，喜欢做事的不妨把醉酒改作做事，例如说‘人生有事须当做，一件何曾到九泉！’不很对吗？”姐姐和我听了这两句诗，一齐笑起来。

爸爸继续说：“至于扫墓，原本：是一件悲哀的事。凭吊死者，回忆永别的骨肉，哪里说得上快乐呢？设想坟上有个新冢，扫墓的不是要哭吗？但我们的都是老坟，年年祭扫，如同去拜见祖宗一样，悲哀就化为孝敬，而转成欢乐了。尤其是你们，坟上的祖宗都是不曾见过面的，扫墓就同游春一般。这是人生无上的幸福啊！”我听了这话有些凛然。目前的光景被这凛然所衬托，愈加显得幸福了。

扫墓的船在一片油菜花旁的一枝桃花树下停泊了。爸爸、姆妈、姐姐和我，三大伯、三大妈和他家的四弟、六妹，工人阿四，大家纷纷上岸。大人们忙着搬桌椅，抬条箱，在坟前设祭。我们忙着看花、攀树、走田塍、折杨柳。他们点上了蜡烛，大声地喊：“来拜揖！来拜揖！”我们才从各方集合拢来，到坟前行礼。墓地邻近有一块空地，上面覆着垂杨，三面围着豆花，底下铺着绿草，如像一只空着的大沙发，正在等我们去坐。我们不约而同地跑进去，席地而坐了。从附近走来参观扫墓的许多村人，站在草地旁看我们。他们的视线集中在姐姐身上。原来姐姐这次春假回家，穿着一身黄色的童子军装，惹人注意。我从衣袋里摸出口琴来吹，更吸引了远处的许多村姑。我又想起了我家的扫墓竹枝词：“壶榼纷陈拜跪忙，闲来坐憩树荫凉。村姑三五来窥看，中有谁家新嫁娘。”所咏的就是目前的光景。

忽然听得背后发出一种声音，好像羊叫，衬着口琴的声音非常触耳。回头看见四弟坐在蚕豆花旁边，正在吹一管绿色的短笛。我收了口琴跑过去看，原来他的笛是用蚕豆梗做的：长约半尺多，上面有三五个孔，可用手指按出无腔的音调来。我忙叫姐姐来看。四弟常跟三大妈住在乡下的外婆家，懂得这些自然的玩意儿。我和姐姐看了都很惊奇而且艳羡，觉得这比我们的口琴更有趣味。我们请教他这笛的制法。才知道这是用豌豆茎和蚕豆茎合制而成的。先拔起一枝蚕豆茎来，去根去梢去叶，只剩方柱形的一段。用指爪在这段上摘出三五个孔，即为笛声。再摘取豌豆茎的梢，约长一寸，把它插入方柱上端的孔中，笛就完成。吹的时候，用齿把豌豆茎咬一下，吹起来笛就发音。用指按笛身上各孔，就会吹出高低不同的种种音来。依照这方法，我和姐姐各自新制一管。吹起来果然都会响。可是各孔所发的音，像是音阶，却又似do非do，似re非re，不能吹奏歌曲。我的好奇心活跃了："姐姐，这些洞的距离，必有一定的尺寸。我们随意乱摘，所以不成音阶。倘使我们知道了这尺寸，我们可以做一管发音正确的'豆梗笛'，用以吹奏种种乐曲，不是很有趣吗？"姐姐的好奇心同我一样活跃，说道："不叫作豆梗笛，叫作'翡翠笛'。爸爸一定知道这些孔的尺寸。我们去问他。"

爸爸见了我们的翡翠笛，吃惊地叫道："呀！蚕豆还没有结子，怎么你们拔了这许多豆梗！农人们辛苦地种着的！"工人阿四从旁插嘴道："不要紧，这蚕豆是我家的，让哥儿们拔些吧。"爸爸说："虽然你们不要他们赔偿，他们应该爱护作物，不论是谁家的！"姐姐擎着她的翡翠笛对爸爸说："我们不再采了。只因这里的音分别高低，但都不正确。不知怎样才能成一音阶，可以吹奏乐曲？"爸爸拿过翡翠笛来吹吹，就坐在草地上，兴致勃勃地研究起来。他已经被一种兴味所诱，浑忘了刚才所说的话，他的好奇心同我们一样地活跃了。大人们原来也是有孩子们的兴味，不过平时为别种东西所压迫，不容易显露罢了。我的爸爸常常自称"不失童心"，今天的事很可能证明他这句话了。

阿四采了一大把蚕豆梗来，说道："这些都是不开花的，拔来给哥儿们做笛吧。反正不拔也不会结豆的。”姐姐接着说:“那很好了。不拔反要耗费肥料呢。”爸爸很安心，选一枝豆梗来，插上一个豌豆梗的叫子，然后在豆梗上摘一个洞，审察音的高低，一个一个地添摘出来，终于成了一个具有音阶七音的翡翠笛。居然能够吹个简单的乐曲。我们各选同样粗细的豆梗。依照了他的尺寸，各制一管翡翠笛，果然也都合于音阶，也能吹奏乐曲。我的好奇心愈加活跃了，捉住爸爸，问他：“这距离有何定规？”

爸爸说：“我也是偶然摘得正确的。不过这偶然并非完全凑巧，也根据着几分乐理。大凡吹动管中空气而发音的乐器，管愈长发音愈低，管愈短发音愈高。笛上开了一个洞，无异把管截断到洞的地方为止。故其洞愈近吹口，发音愈高，其洞愈近下端，发音愈低。箫和笛的制造原理就根据在此。刚才我先把没有洞的豆梗吹一吹，假定它是do字。然后任意摘一个洞，吹一下看，恰巧是re字。于是保住相当的距离，顺次向吹口方向摘六个洞，就大体合于音阶上的七音了。吹的时候，六个洞全部按住为do，下端开放一个为re，开放二个为mi……尽行开放为si。这是管乐器制造的原理。我这管可说是原始的管乐器了。弦乐器的制造原理也是如此，不过空管换了弦线。弦线愈长，发音愈低，弦线愈短，发音愈高。口琴风琴上的簧也是如此：簧愈长，发音愈低，簧愈短，发音愈高。但同时管的大小，弦的粗细，簧的厚薄，也与音的高低有关。愈大，愈粗，愈厚，发音愈低，反之发音愈高。关于这事的精确的乐理，《开明音乐讲义》中‘音阶的构成’一章里详说着。我现在所说的不过是其大概罢了。”

“大概”也够用了；我们利用余多的豆梗多照这“大概”制了种种的翡翠笛。其中有两枝，比较的正确，简直同竹笛一样。扫墓既毕，我们把这两枝翡翠笛放在条箱里，带回家去。晚上拿出来看，笛身已经枯萎了。爸爸见了这枯萎的翡翠笛，感慨地说："这也是人生无常的象征啊！"

铁马与风筝

春分节到了。爸爸的书房搬到楼上。

这是爸爸的习惯：每年春初庭中的柳树梢上有鸟儿开始唱歌了，爸爸的书房便搬到楼上，与寝室合并。直到春尽夏来，天气渐热，柳梢上的鸟儿唱歌疲倦了，他再搬到楼下去。爸爸是爱听鸟儿唱歌的。它们唱得的确好听。尤其是在春天的早晨，我们被它们的歌声从梦中唤醒，感觉非常愉快。因为它们的歌调都是愉快的。有一个春晨，爸爸对我说："你晓得鸟儿的声音像什么？"我说："像唱歌。"他说："不很对。歌有时庄严，有时悲哀，有时雄壮，不一定是愉快的。它们的声音无时不愉快，所以比作唱歌，不完全对。我看这好比'笑'。鸟是会笑的动物，而且一天笑到晚的。倘说像唱歌，它们所唱的都是 game song（游戏歌），或 sweet song（甜歌），一定不是'三民主义吾党所宗'之类的歌。"

今天星期日，早晨我被另一种音乐唤醒。这好像是一种婉转的歌声，合着清脆的乐器伴奏。倾耳静听，今天柳梢上黄莺声特别闹热。这大概是为了今天晨光特别明朗的缘故，但也许是为了今天这里另有一种叮叮咚咚的伴奏声的缘故。但这叮叮咚咚究竟是什么声音呢？我连忙起身，跟着声音去寻。寻到爸爸的房间的楼窗边，看见窗外的檐下挂着一个帽子口大的铁圈,铁圈周围挂着许多钟形的小铜片,春晨的和风吹来,铜片互相碰击,发出清脆的叮叮咚咚,自然地成了莺声的伴奏。

这是爸爸今年的新设备,名叫“铁马”。昨天晚上才挂起来,今天早上我第一次听见它的声音。早饭时我问爸爸,“铁马有什么用?”爸爸说:“在实用方面讲,这是报风信的。天起风了,铁马咚咚地响起来,我们就知道天起风了。”我说:“还有在什么方面讲呢?”爸爸说:“还有,在趣味方面讲,这是耳朵的一种慰安。我们要知道天起风,倘不讲趣味面专讲实用,只要买一只晴雨表,看看就知道。或者只要在屋上装一只风车,看见它转动了,就知道天起风。但我们希望在‘知道’事实以外又‘感到’一种情调,即在实用以外又得一种趣味。于是想出‘铁马’这东西来,使它在报告起风的时候发出一种清朗的音,以慰藉人的耳朵。所以这铁马好比鸟声,也是一种‘自然的音乐’。我们的生活环境中,有许多自然的音乐,不论好坏,都有一种影响及于我们的感情,比形状色彩所及于我们的影响更深。因为声音不易遮隔,随时随地送入人耳。”

这时候,赶早市的种种叫卖声从墙外传到我们的食桌上:“卖——芥——菜!”“大——饼——油——炸——货!”“火——肉——棕——子!”音调各异,音色不同,每一声给人一种特异的感觉,全体合起来造成了一种我家的早晨的情趣。我听到这种声音,会自然地感到这是早晨。我想这些也是自然的音乐,不过音乐的成分不及莺声或铁马声那么多。我把这意思说出,引起了姆妈的话,

姆妈说:“他们叫卖的时候很准确。我常常拿他们的喊声来代替自鸣钟呢,听见‘油沸豆腐干’喊过,好烧夜饭了。听见‘猪油炒米粉’喊过,好睡觉了。而且喊得也还好听,不使人讨嫌。最使

我讨嫌的是杭州的卖盐声：'盐——'像发条一样卷转来，越卷越紧，最后好像卷断了似的。上海的卖夜报也讨嫌，活像喊救火，令人直想跳起来。"

爸爸接着说，"你们把劳工的叫声当作音乐鉴赏，太'那个'了！"

姆妈火冒起来，挺起眼睛说道："你自己说出来的！什么'自然的音乐，自然的音乐！'还说我们'那个'？"

爸爸立刻赔笑脸，答道："'那个'我又没有说出！你不必生气。把叫卖声当作自然的音乐，不仅是你，"他改作讲故事的态度，继续说，"日本从前有个名望高的文学家——好像是上田敏，我记不正确了——也曾有这样听法。日本东京市内有一种叫卖豆腐的担子，喊的是'托——夫'（即豆腐）两个字。其音调和缓，悠长，而有余音，好像南屏晚钟的音调。每天炊前，东京的小巷里到处有这种声音。善于细嚼生活情味的从前的东洋人，尤其是文学家上田敏，真把此种叫卖声看作黄莺、铁马一类的自然的音乐。有一次，东京的社会上提倡合作，有人提议把原有的豆腐担尽行取消，倡办一个大量生产的豆腐制造所，每天派脚踏车挨户分送豆腐。据提议者预算，豆腐价格可以降低不少。可是反对的人很多，上田敏反对尤力。他的理由是：这办法除使无数人失业而外，又摧残日本原有的生活情调，伤害大和民族性的优美。他用动人的笔致描写豆腐担的叫卖声所给予东京市内的家庭的美趣。确认此改革为得不偿失。两方争论的结果如何，我不详悉。孰是孰非，也不去说它。总之，我们的环境中所起的声音有很大的影响及于我们的感情和生活，是我所确信的。譬如今天早上，我听了铁马和黄莺的合奏，感到一种和平幸福而生趣蓬勃的青春气象，心境愉快，一日里做事也起劲得多。早餐也可多吃一碗。"

我对于这些话都有同感。兴之所至，不期地说道："我今天放起风筝来要加一把鹞琴，让它在空中广播和平的音。”

爸爸表示很赞成。但姆妈说：“当心削开了手指！”

早餐后我去访华明，约他下午同去放风筝，并要他在上午来帮我制一把鹞琴。他都欣然地同意，陪我出门，先到竹匠店里买两根长约三尺的篾，拿回我家后，就在厢房里开始工作了。我们把一根篾的篾青削下来，用小刀刮得同图画纸一样薄。然后把另一根篾弯成弓形，把那片篾青当作弓弦，扎成一把弓。华明握住了弓背在空中用力一挥，那篾青片发出“嗡嗡”的声音，鹞琴就成功了。

下午，风和日暖，华明十二点半就来了，拿了风筝和鹞琴，立等我盥洗。我草草地洗了脸，把口琴和昨天姐姐从中学里寄来的新歌谱，藏在衣袋里了，匆匆跟他出门。我们走到土地庙后面高堆山上，把风筝放起。待它放高了，收些鸥线下来，把鹞琴缚在离开鹞子数丈的鹞线上，然后尽量地放线。鹞琴立刻响起来，嗡嗡地，殷殷地，在晴空中散播悠扬浩荡的美音，似乎天地一切都在那里同它共鸣了！

把鹞线的根缚在一块断碑上了，我们不消管守。我们两人可倚在碑脚上闲坐。我摸出口琴来，开始练习姐姐寄我的《风筝》歌。这是她最近在中学校里学得的，《开明音乐教本》第二册里的一首歌。她把五线谱翻成了口琴用的简谱寄给我。我按谱吹奏下去，曲儿果然很好听。其轻快和飘逸的趣味，尤其适合目前的情景。口琴的音衬着鹞琴的音，犹似晨间所闻的黄莺声衬着铁马声，我也感到一种和平幸福而生趣蓬勃的青春的气象。

但是吹到最后一句，我停顿了。因为这一句里有一个高半音的fa字，我吹遍了口琴的二十三孔，吹不出这个音来。这怎么办呢？回去问了爸爸再练习。现在且换一个纯熟一点的轻快的小曲来点缀这一片春景吧。

做父亲

楼窗下的弄里远地传来一片声音“咿呀，咿呀……”，渐近渐响起来。

一个孩子从算草簿中抬起头来，张大眼睛倾听一会，“小鸡！小鸡！”叫了起来。四个孩子同时放弃手中的笔，飞奔下楼，好像路上的一群麻雀听见了行人的脚步声而飞去一般。

我刚才扶起他们所带倒的凳子，拾起桌子上滚下去的铅笔，听见大门口一片呐喊：“买小鸡！买小鸡！”其中又混着哭声。连忙下楼一看，原来元草因为落伍而狂奔，在庭中跌了一跤，跌痛了膝盖骨不能再跑，恐怕小鸡被哥哥、姐姐们买完了轮不着他，所以激烈地哭着。我扶了他走出大门口，看见一群孩子正向一个挑着一担“咿呀，咿呀”的人招呼，欢迎他走近来。元草立刻离开我，上前挤入团体，且跳且喊：“买小鸡！买小鸡！”泪珠跟了他的一跳一跳而从脸上滴到地上。

孩子们见我出来，大家回转身来包围了我。“买小鸡！买小鸡！”的喊声由命令的语气变成了请愿的语气，喊得比之前更响了。他们仿佛想把这些音蓄入我的身体中，希望它们由我的口上开出来。独有元草直接拉住了担子的绳而狂喊。

我全无养小鸡的兴趣，而且想起了以后的种种麻烦，觉得可怕。

但乡居寂寥，绝对屏除外来的诱惑而强迫一群孩子在看惯的几间屋子里隐居这一个星期日，似也有些残忍。且让这个“咿呀、咿呀”来打破门庭的岑寂，当作长闲的春昼的一种点缀吧。我就招呼挑担的，叫他把小鸡给我们看看。

他停下担子，揭开前面的一笼。“咿呀，咿呀”的声音忽然放大。但见一个细网的下面，蠕动着无数可爱的小鸡，好像许多活的雪球。五六个孩子蹲集在笼子的四周，一齐倾情地叫着“好来！好来！”一瞬间我的心也屏绝了思虑而没入在这些小动物的姿态的美中，体会了孩子们对小鸡的热爱的心情。许多小手伸入笼中，竞指一只纯白的小鸡，有的几乎要隔网捉住它。挑担的忙把盖子无情地冒上，许多“咿呀，咿呀”的雪球和一群“好来，好来”的孩子就变成了咫尺天涯。孩子们怅望笼子的盖，依附在我的身边，有的伸手摸我的袋。我就向挑担的人说话：

“小鸡卖几钱一只？”

“一块洋钱四只。”

“这样小的，要卖二角半钱一只？可以便宜些否？”

“便宜勿得，二角半钱最少了。”

他说过，挑起担子就走。大的孩子脉脉含情地目送他，小的孩子拉住了我的衣襟一连叫“要买！要买！”挑担的越走得快，他们喊得越响。我摇手止住孩子们的喊声，再向挑担的问：

“一角半钱一只卖不卖？给你六角钱买四只吧！”

“没有还价！”

他并不停步，但略微旋转头来说了这一句话，就赶紧向前面跑。“咿呀，咿呀”的声音渐渐地远起来了。

元草的喊声就变成哭声。大的孩子锁着眉头不绝地探望挑担者的背影，又注视我的脸色。我用手掩住了元草的口，再向挑担人远远地招呼：

“二角大洋一只，卖了吧！”

“没有还价！”

他说过便昂然地向前进行，悠长地叫出一声“卖—小—鸡—！”其背影便在弄口的转角上消失了。我这里只留着一个号啕大哭的孩子。

对门的大嫂子曾经从矮门上探头出来看过小鸡，这时候就拿着针线走出来，倚在门上，笑着劝慰哭的孩子，她说：

“不要哭！等一会儿还有担子挑来，我来叫你呢！”她又笑着向我说：

“这个卖小鸡地想做好生意。他看见小孩子哭着要买，越是不肯让价了。昨天坍墙圈里买的一角洋钱一只，比刚才的还大一半呢！”

我同她略谈了几句，硬拉了哭着的孩子回进门来。别的孩子也懒洋洋地跟了进来。我原想为长闲的春昼找些点缀而走出门口来的，不料讨个没趣，扶了一个哭着的孩子而回进来。庭中柳树正在骀荡的春光中摇曳柔条，堂前的燕子正在安稳的新巢上低徊软语。我们这个刁巧的挑担者和痛哭的孩子，在这一片和平美丽的春景中很不调和啊！

关上大门，我一面为元草揩拭眼泪，一面对孩子们说：

“你们大家说‘好来，好来’，‘要买，要买’，那人就不肯让价了！”

小的孩子听不懂我的话，继续抽噎着；大的孩子听了我的话若有所思。我继续抚慰他们：

“我们等一会再来买吧,隔壁大妈会喊我们的。但你们下次……”

我不说下去了。因为下面的话是“看见好的嘴上不可说好，想要的嘴上不可说要”，倘再进一步，就变成“看见好的嘴上应该说不好，想要的嘴上应该说不要”了。在这一片天真烂漫光明正大的春景中，向哪里容藏这样教导孩子的一个父亲呢？

廿二（1933）年五月二十日

两个“？”

我从幼小时候就隐约地看见两个“？”。但我到了三十岁上方才明确地看见它们。现在我把看见的情况写些出来。

第一个“？”叫作“空间”。我孩提时跟着我的父母住在故乡石门湾的一间老屋里，以为老屋是一个独立的天地。老屋的壁的外面是什么东西，我全不想起。有一天，邻家的孩子从壁缝间塞进一根鸡毛来，我吓了一跳；同时，悟到了屋的构造，知道屋的外面还有屋，空间的观念渐渐明白了。我稍长，店里的伙计抱了我步行到离家二十里的石门城[①]里的姑母家去，我在路上看见屋宇毗连，想象这些屋与屋之间都有壁，壁间都可塞过鸡毛。经过了很长的桑地和田野之后，进城来又是毗连的屋宇，地方似乎是没有穷尽的。从前我把老屋的壁当作天地的尽头，现在知道不然。我指着城外问大人们：“再过去还有地方吗？”大人们回答我说：“有嘉兴、苏州、上海；有高山，有大海，还有外国。你大起来都可去玩。”一个粗大的“？”隐约地出现在我的眼前。回家以后，早晨醒来，躺在床上驰想：床的里面是帐，除去了帐是壁，除去了壁是邻家的屋，除去了邻家的屋又是屋，除完了屋是空地，空地完了又是城市的屋，

① 石门城，原名崇德县，一度改为石门县。1958年并入桐乡县，改名崇福镇。后来桐乡改为县级市，石门镇和崇福镇归属桐乡市。——编者注

或者是山是海，除去了山，渡过了海，一定还有地方……空间到什么地方为止呢？我把这疑问质问大姐。大姐回答我说："到天边上为止。"她说天像一只极大的碗覆在地面上。天边上是地的尽头，这话我当时还听得懂；但天边的外面又是什么地方呢？大姐说："不可知了。"很大的"？"又出现在我的眼前，但须臾就隐去。我且吃我的糖果，玩我的游戏吧。

我进了小学校，先生教给我地球的知识。从前的疑问到这时候豁地解决了。原来地是一个球。那么，我躺在床上一直向里床方面驰想过去，结果是绕了地球一匝而仍旧回到我的床前。这是何等新奇而痛快的解决！我回家来欣然地把这新闻告诉大姐。大姐说："球的外面是什么呢？"我说："是空。""空到什么地方为止呢？"我茫然了。我再到学校去问先生，先生说："不可知了。"很大的"？"又出现在我的眼前，但也不久就隐去。我且读我的英文，做我的算术吧。

我进师范学校，先生教我天文。我怀着热烈的兴味而听讲，希望对小学时代的疑问，再得一个新奇而痛快的解决。但终于失望。先生说："天文书上所说的只是人力所能发现的星球。"又说："宇宙是无穷大的。"无穷大的状态，我不能想象。我仍是常常驰想，这回我不再躺在床上向横方驰想，而是仰首向天上驰想；向这苍苍者中一直上去，有没有止境？有的么，其处的状态如何？没有的吗，使我不能想象。我眼前的"？"比前愈加粗大，愈加迫近，夜深人静的时候，我屡屡为了它而失眠。我心中愤慨地想：我身所处的空间的状态都不明白，我

不能安心做人！世人对于这个切身而重大的问题，为什么都不说起？以后我遇见人，就向他们提出这疑问。他们或者说不可知，或一笑置之，而谈别的世事了。我愤慨地反抗："朋友，这个问题比你所谈的世事重大得多，切身得多！你为什么不理？"听到这话的人都笑了。他们的笑声中似乎在说："你有神经病了。"我不好再问，只得让那粗大的"？"照旧挂在我的眼前。

第二个"？"叫作"时间"。我孩提时关于时间只有昼夜的观念。月、季、年，世等观念是没有的。我只知道天一明一暗，人一起一睡，叫作一天。我的生活全部沉浸在"时间"的急流中，跟了它流下去，没有抬起头来望望这急流的前后的光景的能力。有一次新年里，大人们问我几岁，我说六岁。母亲教我："你还说六岁？今年你是七岁了，已经过了年了。"我记得这样的事以前似曾有过一次。母亲教我说六岁时也是这样教的。但相隔久远，记忆模糊不清了。我方才知道这样时间的间隔叫作一年，人活过一年增加一岁。

那时我正在父亲的私塾里读完《千字文》，有一晚，我到我们的染坊店里去玩，看见账桌上放着一册账簿，簿面上写着"菜字元集"这四字。我问管账先生，这是什么意思？他回答我说："这是用你所读的《千字文》上的字来记年代的。这店是你们祖父手里开张的。开张的那一年所用的第一册账簿，叫作'天字元集'，第二年的叫作'地字元集'，天地玄黄，宇宙洪荒……每年用一个字。用到今年正是'菜重芥姜'的'菜'字。"因为这事与我所读的书有关联，我听了很有兴味。他笑着摸摸他的白胡须，继续说道："明年'重'字，后年'芥'字，我们一直开下去，开到'焉哉乎也'的'也'字，大家发财！"我口快地接着说；"那时你已经死了！我也死了！"他用手掩住我的口道："话勿得！话勿得！大家长生不老！大家发财！”我被他弄得莫名其妙，不敢再说下去了。但从这时候起，我不复全身沉浸在“时间”的急流中跟它漂流。我开始在这急流中抬起头来，回顾后面，眺望前面，想看看“时间”这东西的状态。我想，我们这店即使依照《千字文》开了一千年，但“天”字以前和“也”字以后，一定还有年代。那么，时间从何时开始，何时了结呢？又是一个粗大的“？”隐约地出现在我的眼前。我问父亲：“祖父的父亲是谁？”父亲道：“曾祖。”“曾祖的父亲是谁？”“高祖。”“高祖的父亲是谁？”父亲看见我有些像孟尝君，笑着抚我的头，说：“你要知道他做什么？人都有父亲，不过年代太远的祖宗，我们不能一一知道他的人了。”我不敢再问，但在心中思维“人都有父亲”这句话，觉得与空间的“无穷大”同样不可想象。很大的“？”又出现在我的眼前。

我入小学校，历史先生教我盘古氏开天辟地的事。我心中想：“天地没有开辟的时候状态如何？盘古氏的父亲是谁？他的父亲的父亲的父亲……又是谁？”同学中没有一个提出这样的疑问，我也不敢质问先生。我入师范学校，才知道盘古氏开天辟地是一种靠不住的神话。又知道西洋有达尔文的“进化论”，人类的远祖就是做戏法的人所畜的猴子。而且猴子还有它的远祖。从我们向过去逐步追溯上去，可一直追溯到生物的起源，地球的诞生，太阳的诞生，宇宙的诞生。再从我们向未来推想下去，可一直推想到人类的末日，生物的绝种，地球的毁坏，太阳的冷却，宇宙的寂灭。但宇宙诞生以前和寂灭以后，“时间”这东西难道没有了吗？“没有时间”的状态，比“无穷大”的状态愈加使我不能想象。而时间的性状实比空间的性状愈加难于认识。我在自己的呼吸中窥探时间的流动痕迹，一个个的呼吸鱼贯地翻进“过去”的深渊中，无论如何不可挽留。

我害怕起来，屏住了呼吸，但自鸣钟仍在“嘀嗒，嘀嗒”地告诉我时间的经过。一个个的“嘀嗒”鱼贯地翻进过去的深渊中，仍是无论如何不可挽留的。时间究竟怎样开始？将怎样告终？我眼前的“？”比前愈加粗大，愈加迫近了。夜深人静的时候，我屡屡为它失眠，我心中愤慨地想：我的生命是跟了时间走的。“时间”的状态都不明白，我不能安心做人！世人对于这个切身而重大的问题，为什么都不说起？以后我遇见人，就向他们提出这个问题。他们或者说不可知，或者一笑置之，而谈别的世事了。我愤慨地反抗：“朋友！我这个问题比你所谈的世事重大得多，切身得多！你为什么不理？”听到这话的人都笑了。他们的笑声中似乎在说：“你有神经病了！”我不再问，只能让那粗大的“？”照旧挂在我的眼前。

1957 年版（改）

生 机

去年除夕买的一球水仙花，养了两个多月，直到今天方才开花。

今春天气酷寒，别的花木萌芽都迟，我的水仙尤迟。因为它到我家来，遭了好几次灾难，生机被阻抑了。

第一次遭的是旱灾，其情形是这样：它于去年除夕到我家，当时因为我的别寓里没有水仙花盆，我特为跑到瓷器店去买一只纯白的瓷盘来供养它。这瓷盘很大、很重，原来不是水仙花盆。据瓷器店里的老头子说，它是光绪年间的东西，是官场中请客时用以盛某种特别肴馔的家伙。只因后来没有人用得着它，至今没有卖脱。我觉得普通所谓水仙花盆，长方形的、扇形的，在过去的中国画里都已看厌了，而且形式都不及这家伙好看。就假定这家伙是为我特制的水仙花盆，买了它来，给我的水仙花配上，形状色彩都很调和。看它们在寒窗下绿白相映，素艳可喜，谁相信这是官场中盛酒肉的东西？可是它们结合不到一个月，就要别离。为的是我要到石门湾去过阴历年，预期在缘缘堂住一个多月，希望把这水仙花带回去，看它开花才好。如何带法？颇费踌躇：叫工人阿毛拿了这盆水仙花乘火车，恐怕有人说阿毛提倡风雅；把他装进皮箱里，又不可能。

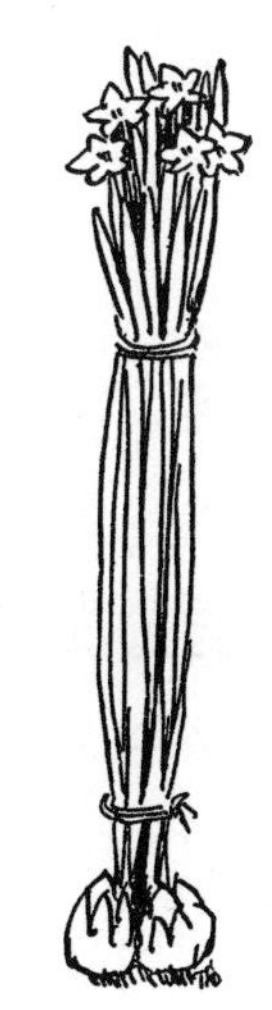

于是阿毛提议："盘儿不要它，水仙花拔起来装在饼干箱里，携了上车，到家不过三四个钟头，不会旱死的。"我同意了。水仙就与盘暂别，坐在饼干箱里旅行。回到家里，大家纷忙得很，我也忘记了水仙花。三天之后，阿毛突然说起，我猛然觉悟，找寻它的下落，原来被人当作饼干，搁在石灰甏上。连忙取出一看，绿叶憔悴，根须焦黄。阿毛说"勿碍[1]"，立刻把它供养在家里旧有的水仙花盆中，又放些白糖在水里。幸而果然勿碍，过了几天它又欣欣向荣了。是为第一次遭的旱灾。

第二次遭的是水灾，其情形是这样：家里的水仙花盆中，原有许多色泽很美丽的雨花台石子。有一天早晨，被孩子们发现了，水仙花就遭殃：他们说石子里统是灰尘，埋怨阿毛不先将石子洗净，就代替他做这番工作。他们把水仙花拔起，暂时养在脸盆里，把石子倒在另一脸盆里，掇到墙角的太阳光中，给它们一一洗刷。雨花台石子浸着水，映着太阳光，光泽、色彩、花纹，都很美丽。有几颗可以使人想象起"通灵宝玉"来。看的人越聚越多，孩子们尤多，女孩子最热心。她们把石子照形状分类，照色彩分类，照花纹分类；然后品评其好坏，给每块石子打起分数来；最后又利用其形色，用许多石子拼起图案来。图案拼好，她们自顾去吃年糕了！年糕吃好，她们又去踢毽子了；毽子踢好，她们又去散步了。直到晚上，阿毛在墙角发现了石子的图案，叫道："咦，水仙花哪里去了？"东寻西找，发现它横卧在花台边上的脸盆中，浑身浸在水里。自晨至晚，浸了十来个小时，绿叶已浸得发肿，发黑了！阿毛说"勿碍"，再叫小石子给它扶持，坐在水仙花盆中。是为第二次遭的水灾。

① 勿碍，意即不要紧。——编者注

第三次遭的是冻灾，其情形是这样的：水仙花在缘缘堂里住了一个多月。其间春寒太甚，患难迭起。其生机被这些天灾人祸所阻抑，始终不能开花。直到我要离开缘缘堂的前一天，它还是含苞未放。我此去预定暮春回来，不见它开花又不甘心，以问阿毛。阿毛说："用绳子穿好，提了去！这回不致忘记了。"我赞成。于是水仙花倒悬在阿毛的手里旅行了。它到了我的寓中，仍旧坐在原配的盆里。雨水过了，不开花。惊蛰过了，又不开花。阿毛说："不晒太阳的缘故。"就掇到阳台上，请它晒太阳。今年春寒殊甚，阳台上虽有太阳光，同时也有料峭的东风，使人立脚不住。所以人都闭居在室内，从不走到阳台上去看水仙花。房间内少了一盆水仙花也没有人查问。直到次日清晨，阿毛叫了："啊哟！昨晚水仙花没有拿进来，冻杀了！"一看，盆内的水连底冻，敲也敲不开；水仙花里面的水分也冻，其鳞茎冻得像一块白石头，其叶子冻得像许多翡翠条。赶快拿进来，放在火炉边。久之久之，盆里的水溶了，花里的水也溶了；但是叶子很软，一条一条弯下来，叶尖儿垂在水面。阿毛说"乌者[1]"，我觉得的确有些儿"乌"，但是看它的花蕊还是笔挺地立着，想来生机没有完全丧尽，还有希望。以问阿毛，阿毛摇头，随后说："索性拿到灶间里去，暖些，我也可以常常顾到。"我赞成。垂死的水仙花就被从房中移到灶间。是为第三次遭的冻灾。

谁说水仙花清？它也像普通人一样，需要烟火气的。自从移入灶间之后，叶子渐渐抬起头来，花苞渐渐展开。今天花儿开得很好了！阿毛送它回来，我见了心中大快。此大快非仅为水仙花。人间的事，只要生机不灭，即使重遭天灾人祸，暂被阻抑，终有抬头的日子。

---

① 乌者，意即糟了。

个人的事如此，家庭的事如此，国家、民族的事也如此。

廿五（1936）年三月作，曾载《越风》

贺 年

十二月三十一日的清晨，我被弟弟的声音惊醒。他一早起身，正在隔壁房里且跳且叫：“日历只有一张了！过年了！大家快点起来过年！”随后是姆妈喊住他的声音；“如金！静些儿！爸爸被你打觉[①]了！你已是高小学生，五年级读了半年了，怎么还是这般孩儿气，清早上大声叫跳？”弟弟静了下来，接着低声地向妈妈要新日历看。我连忙披衣起床，心中想：这回是今年最后一次的起床，明天便是新年例假了。这一想使我不怕冷，衣裳穿得格外快些。但回想姆妈对弟弟说的话，又想到我六年级已读了半年，再过半年要毕业了，不知能不能……有些儿担心。

我一面扣衣纽，一面走进姆妈房中。看见日历上果然只挂着单薄薄的一张纸，样子怪可怜的。弟弟捧着一册新日历，正在窗前玩弄。我走近去一看，只见厚厚的一本日历，用红纸封好了，装在一片硬纸板上。纸板上端写着某香烟公司的店号。店号下面描着图案，图案中央是一长方形的圈子，圈子里面印着一个电影明星的照片。不知是胡蝶，还是徐来，我可认不得。但见她侧着头，扭着腰，装着手势，扁着嘴，欲笑不笑，把眼睛斜转来向我看。好像我们校里那个顽皮的金翠娥躲在先生的背后装鬼脸。我立刻旋转头，走下楼去洗脸。

① 打觉，作者家乡方言，意即吵醒。——编者注

我们吃过早粥，赴校的时候，弟弟叮咛地关照姆妈，最后一张日历要让他回来撕，新日历要让他回来开。姆妈笑着答允了。

我们上完了今年最后一天的课，高兴地回到家里。弟弟放了书包就奔上楼，想去撕日历。但被爸爸阻住了。爸爸正坐在窗前的桌子旁边看画册。桌上供着一盆水仙花，一瓶天竹，一对红蜡烛，一只铜香炉和一只小自鸣钟——这般景象，我似觉以前曾经看到过，但是很茫然了。仔细一想，原来正是去年今日的事！种种别的回忆便跟了它浮出到我的脑际来。

爸爸对弟弟说："今天是今年最后的一天，我们不要草草过去。我们大家来守岁，到夜半才睡觉。日历也要到夜半才可撕。在夜里，我们还要做游戏，讲故事，烧年糕吃呢！"弟弟听了又跳起来，叫起来。爸爸拉住他的臂膊说："不要性急，今年还有八个钟头呢。你们乘这时候先画一张贺片，向你们的最好的朋友贺年。"

"好，好，好。"我们答应着，抢先飞奔下楼，到书包里去拿画具。途中我记起了：去年图画课中华先生叫我们画贺片，我画一只猪猡，同学们说"难看，难看"，华先生偏说"好看"。他说："你们为什么看轻猪猡？你们不是爱吃它的肉吗？"后来我告诉爸爸，爸爸说："因为中国画家向来不画猪猡，所以大家看不惯。其实也没啥，不过样子不及兔子、山羊那般玲珑罢了。"今年不知应该画什么动物了？等会儿问问爸爸看。

我们把画具端到楼上，放在东窗下的桌上，开始画贺片了。画些什么呢？我就问爸爸明年是什么年。爸爸说明年是丙子年，子年可以画个老鼠。但我所发现的题材，被弟弟抢了去。他说："我画老鼠！老鼠拉车子！昨天我在《小人国》里看见过的。"我同他论理，但他连说"对起，对起，对起，对起"，管自拿铅笔打稿子了。

“对起”就是“对不起”，是他近来的口头禅。他每逢自知不合而又不舍得放弃的时候，便这样说。我知道他已热心于画老鼠拉车了，就让让他吧。但是我自己画什么呢？想了好久，记得以前华先生教我们画花的图案，我画得很高兴。现在就画些花的图案吧。

我的颜料没有上完，弟弟已经画好，拿去请爸爸看了。我赶快完成，也拿过去。但见爸爸拿着剪刀正在裁剪弟弟的画纸。一面说着：“你画老鼠拉车，不可画得太高。下面剪掉些，上面多留些空地写字吧。”剪成了明信片样的一张，他又说：“上面太空，添描一个很长的马鞭吧。”弟弟抢着说：“本来是有马鞭的，我忘记了！”爸爸就用指爪在贺片上划一个弯弯的线痕，叫他照样去画。爸爸看了我的画，说：“很好看。但你可用更深的红在花瓣上做个轮廓，用更深的绿在叶子上做个轮廓。那么，深红配淡红，深绿配淡绿，好看得多。这叫作‘同类色调和’。”我照他所说的去改了。弟弟已经画好马鞭，看看我的画，跳起来说：“姐姐用颜料的！不来，不来，我要画过！”就向爸爸嚷着要换。爸爸说：“如金！画不一定要用颜料的呀！你姐姐的是‘装饰画’，所以用颜料。你的是‘记事画’，可以不用颜料。”但弟弟始终不满意，撅起小嘴唇看我的画，连说着“我要画过，我要画过”。这时候姆妈进来了。她听见了弟弟咕噜咕噜，就来看他的画，知道他嫌没有颜料，就对他说：“也可以着颜料的。我教你吧：小人的衣服上着红色，小车的轮子上着黄色，

老鼠和车子本来是黑色的。"弟弟照姆妈的话做了，觉得果然好看，就笑起来。爸爸衔着香烟，也走过来看，笑着说．"很好，很好，全靠姆妈，不然又要闹气了。但我看红色太孤零，没有'呼应'。最好拉车的绳子换了红色。"弟弟又抢着说："原是一根红头绳呀！我在《小人国》里看见的。"于是大家商量改的方法。姆妈对我说，"逢春！你帮帮他吧。先用橡皮将黑绳略略擦去，然后用白粉调了红颜料盖上去。"我照姆妈的话给他改。弟弟见我改成功了，又连说"对起，对起，对起，对起"。姆妈说，"不要'对起'了，且说你们这两张贺片送给哪个。"我和弟弟齐声说出："送给秋家叶心哥哥。"爸爸说"好"，就教我们写字。姆妈说："写好了大家下来吃夜饭吧。吃过夜饭还要守岁呢。上星期叶心曾说放了年假来守岁，黄昏时他也许会来的。"说过，就先自下楼去了。

弟弟吃饭来得最迟，他手里拿着一封信，信封上贴着一分邮票，写着"本镇梅花弄。八号秋叶心先生收，梅花弄二号柳宅寄。"匆忙地对我们说："我到邮政局里去寄了这两张贺片再来吃饭。"就飞奔去了。爸爸笑着说："哈哈！还是秋家近，邮政局远呢！"姆妈也说："恐怕信没有到邮政局，人已经来这里了！"

吃过夜饭，我们正在点起红烛，准备守岁的时候，邮差敲门了。我们收到一封城里寄来的信。拆开一看，原来是叶心哥哥从县立初级中学寄来的贺年片。附着一封信，说他要今日晚上回家，先把贺年片寄给我们，晚上他也来我家守岁。我和弟弟欢喜得很，忙将贺年片给爸爸看，爸爸啧啧赞道，"到底不愧为美术家的儿子！又不愧为中学生！他的画兼有你们两人的画的好处呢：逢春画两枝花，形式固然美观了，但是内容没有表示新年的意义。如今画只老鼠，内容原有新年的意义了，但是形式好像《小人国》童话书里的插画，不甚适于贺年片的装饰。亏得加了一根长马鞭，把‘恭贺新禧’等字钩住，还有点图案的意味。现在看到叶心的画，觉得是两全的了。在形式上，松树占了左边，地、海和朝阳占了下边，青云和松叶占了上边，成了三条天然的花边。在内容上，这几种东西又都含有庆贺新年的意思：初升的太阳，常青的松树，高的云，广的海和活泼地出巢的小鸟，没有一样不表出新年的欢乐和青年的希望。题的字也很有意味呢！”我们争问爸爸怎么叫作“美意延年”？他继续说：“这是出于《荀子》里的。美意就是快乐的心，也可说就是爱美的心。延年就是延长寿命。一个人爱美而快乐，可以康健而长寿。这意思比你们的‘恭贺新禧’高明得多了。”我听了觉得脸上有些发热，同时更佩服叶心哥哥的天才了。爸爸又仔细看他的贺年片，摇摇头对姆妈说：“叶心的美术的确进步了。你看他布置多少匀称：太阳耸得最高的地方，这一行字特地缩短些，交互相补。进中学才半年，就这样进步，这孩子……”姆妈正拿着一本新日历想要去挂。爸爸随手把贺年片放在日历上端的电影明星的照片上，说道：“咦！大小正好。倘换了这张，好看得多，有意思得多呢。”我本来讨厌这装鬼脸的金翠娥。要挂着了叫我看她一年，真有些难受。我连忙赞成爸爸的话，提议把贺年片用糨糊粘上。爸爸和姆妈都说“好”，弟弟也说“好”。我就实行我的提议。但把糨糊涂到电影明星的脸上和身上去的时候，我又觉得有些对她不起。旁观的弟弟早已感到这意思，他笑着说：“对起，对起，对起，对起！”

不久叶心哥哥来了。他果然还没有收到我们的贺年片。我们谢他寄来的贺年片，并把爸爸称赞他的话告诉他，羡慕他的美术的进步。他脸孔红了，咬着嘴唇转过头去，恰好看见了粘在日历上边的贺年片。他惊奇地一笑，又转向别处。后来对我们说：“待我收到了你们的贺年片，把它们镶在镜框里！”

我们这晚做了种种游戏，讲了许多故事，又吃年糕和橘子。直到敲出十二点钟，方才由弟弟撕去最后一张旧日历，打开新日历。年已经过了！父亲派工人送叶心哥哥归家。我们送他出了门，各自去睡觉。我梦到“美意延年”的画境里，在那松下海边盘桓了多时。醒来时，元旦的初阳已照在我的床上了。

为什么学图画

不欢喜图画的人以为："我将来并不要靠画图吃饭，不会画图打什么紧？图画课不上也不妨。"

然而他们想错了。假如照他们所说，中学校里的图画课是为欲教学生做画家而设，将来他们长大起来，中国的四万万人全体是画家了！世间哪会有这样的事？故可知学图画绝不是想做画家。

其次,假如照他们所想,学校中的功课要直接有用处才应该学习，那么中学校的课程表上的科目大半可以废止了。因为在一般人们的实际生活中，哪个每天在解方程式，烧试验管，探显微镜呢？故可知学图画不是要直接应用的。

学图画绝不是想做画家，也不是要在将来直接应用，那么为什么大家要学图画呢？诸生务须先把这个根本问题想一想清楚，然后跨进图画教室去。现在让我来代替怀这个疑问的人解说一番：

假如有两个母亲，都到衣料店去购买绸布，为小孩子做衣服。一个母亲很有钱，买了时髦的绫罗缎匹来，可是她不会裁缝，衣服的质料尽管贵重，而孩子们穿了姿态十分难看。还有一个母亲虽然钱很少，只买了几尺粗布，但是她对于服装样式很知道美恶，又擅于裁缝，故所做的衣服虽然只是一件布衫，而孩子们穿了怪有样子，令人觉得可爱。

又假如有两处饮食店，一处烧菜用的材料都是山珍海味，可是不会调味，油盐酱醋配得不宜，盛菜的器皿和座位也粗污而不讲形式。另一处材料虽然只有蔬菜之类，但滋味调得恰好，盛菜的器皿和座位也清洁而形式美观，令人入座就觉得快适。

假如你们遇见这两个母亲和这两处饮食店，请问赞许哪一个和哪一处？我想一定赞许后者的吧。因为我知道人都欢喜美观与快适。

原来人们都是喜欢美观的。故对于物，实用之外又必要求形色的美观。试看看糖果店内的咖啡糖，用五色灿烂的锡纸包裹着，人们就欢喜购食，而且滋味似比不包裹的好得多。所以有人说，“人们吃东西不仅用口，又兼用眼。”同是一杯茶，盛的杯子的形式的美丑与茶的滋味的好坏大有关系。同是一盘菜，形色装得美观，滋味似乎也甘美。馈赠的饼饵，全靠有装潢，故能使入欢喜；送礼的两块钱，全靠有红封袋，故能表示敬意。商店的样子窗装饰华丽，可以引诱主顾；旅馆的房间布置精美，可以挽留旅客。……我们的生活中，这样的例不遑枚举。可见人们是天生爱好快美的。

照上述的实例想来，快美之感，在人类生活上是何等重大的必要条件！为了形式的缺乏而受损失的例，事实上也很多。就如前述的例：衣服形式不良，把贵重的绫罗糟蹋了。商店装饰不美，其商业必受很大的影响。在美的要求强盛的现代，商品几乎是全靠包装而畅销的了。

使我们起快美之感的东西，必具有美好的形状与色彩。反之，使我们起不快之感的东西，必定是其形状与色彩不美的缘故。怎样的形色是美的？怎样的形色是不美的？怎样可使形色美观而催人快感？这练习便是图画的最重要的目的。

学图画并不是想做画家，也不是要把图画直接应用。我们所以大家要学图画者，因为大家是人，凡人的生活都要求快美之感，故大家要能辨别形色的恶美，即大家要学图画。

男学生们说：“我并不是女子，将来并不要做母亲而缝衣服。”女学生们说：“我将来并不要开旅馆而布置房间。”这话显然是错误的了。因为既然是人，没有一个人不要求快美之感，即没有一个人可以没有辨别形色美恶的能力，没有一个人可以不学图画。你们身上的服饰，桌上的文具，起卧的寝室，用功的教室，散步的庭园，哪一种可以秽恶而不求美观？猪棚一般的屋子和整洁的屋子，你们当然欢喜后者。假如你们的社会中有美丽的公园，有清洁的道路，有壮丽的公共建筑；你们的学校里有可爱的校园，畅快的运动场，整洁的自修室，庄严的会场，雅致的画室；你们的家庭中有清静的院子，温暖的房屋，悦目的书画、盆栽和陈设。这等便是地方的当局，你们的校长、父母等为你们准备着的。可知做官吏，做校长，做父母，都应该学过图画。他们没有一人不常在画图画，不过他们的图画不画在纸上，而画在地方上，学校里，家庭中罢了。他们是在地方上，学校里，家庭中，应用着他们的图画的修养。假如他们没有图画的修养，没有对于形色美恶的鉴赏力，没有美术的眼识，人们一定不得享受这般美丽的社会、学校和家庭的幸福，而在秽恶不堪的社会，牢狱式的学校，猪棚一般的家庭中受苦了。

且不说什么人生的幸福。至少，可以免除一种可笑的愚举。世间往往有出了许多力，费了许多金钱，而反受识者的讥笑的愚举。富商的家里购备着红木的家具。然不解趣味，其陈设往往恶俗不堪。

好时髦的女郎盲从流行而竞尚新装，然不辨美恶，有时反而难看，其徒劳着实可怜！就如前述的母亲，出重价为孩子制了衣服，反而在这里受我们的批评，岂不冤枉！

你们将来毕业之后，无论研究何种专门学问，从事何种社会事业，无论做官、做商、做工、做先生、做兵士，切勿忘却中学时代所修得的图画的趣味。这能增加人生的幸福，故图画可以说是人生的永远必修的课业。

十八（1929）年十一月为松江女中初中一年级讲述

竹　影

这一天我很不快活，又很快活。所不快活的，这是五卅国耻纪念，说起“五卅”这两个字，一幅凶恶的脸孔和一堆鲜红的血立刻出现在我的脑际，不快之念随之而生。所快活的，这是星期六，晚饭后可以任意游乐，没有明天的功课催我就寝。况且早上我听见弟弟和华明打过“电报”：弟弟对他说“今—放—后，你—我—玩”，华明回答他说“放—后—行，吃—夜—后，我—你—玩”。他们常用这种的简略话当作暗号，称之为“打电报”，但我一听就懂得他们的意思：弟弟对他说的是“今天放学后，你到我家玩”，华明回答的是“放学后不行，吃过夜饭后，我到你家玩”。华明本来是很会闹架儿的一个人。近来不知怎样一来，把闹架儿的工夫改用在玩意儿上了，和我们非常亲热。我们种种有趣的玩意儿，没有他参加几乎不能成行。这一天吃过夜饭后他来我家玩，我知道一定又有什么花头。星期六的晚上，两三个亲热的同学聚会在一起，这是何等快活的事！

暑气和沉闷伴着了“五卅”来到人间。吃过晚饭后，天气还是闷热。窗子完全开开了，房间里还坐不牢。太阳虽已落山，天还没有黑。一种幽暗的光弥漫在窗际，仿佛电影中的一幕。我和弟弟就搬了藤椅子，到屋后的院子里去乘凉。同时关照徐妈，华明来了请他到院子里来。

我们搬三只藤椅子，放在院角的竹林里，两只自己坐了，空着一只待华明来坐。天空好像一盏乏了油的灯，红光渐渐地减弱。我把眼睛守定西天看了一会，看见那光一跳一跳地沉下去，非常微细，但又非常迅速而不可挽救。正在看得出神，似觉眼梢头另有一种微光，渐渐地在那里强起来。回头一看，原来月亮已在东天的竹叶中间放出她的清光。院子里的光景已由暖色变成寒色，由长音阶（大音阶）变成短音阶（小音阶）了。门口一个黑影出现，好像一只立起的青蛙儿，向我们蹦跳过来。来的是华明。

“嘎，你们惬意得很！这椅子给我坐的？”他不待我们回答，一屁股坐在藤椅上，剧烈地摇他的两脚。他的椅子背所靠着的那根竹，跟了他的动作而发抖，上面的竹叶发出潇潇的声音来。这引动了三人的眼，大家仰起头来向天空看。月亮已经升得很高，隐在一丛竹叶中。竹叶的摇动把她切成许多不规则的小块，闪烁地映入我们的眼中。大家赞美了一番之后，弟弟说：“可耻的五卅快过去了！”华明说：“可乐的星期日快来到了！”我说：“可爱的星期六晚上已经在这里了！我们今晚干些什么呢？”弟弟说：“我们谈天吧。我先有一个问题给你们猜：细看月亮光底下的人影，头上出烟气。这是什么道理？”我和华明都不相信，于是大家走出竹林外，蹲下来看水门汀上的人影。我看了好久，果然看见头上有一缕一缕的细烟，好像漫画里所描写的动怒的人。“是口里的热气吧？”“是头上的汗水在那里蒸发吧？”大家蹲在地上争论了一会，没有解决。华明的注意力却转向了别处，他从身边摸出一枝半寸长的铅笔来，在水门汀上热心地描写自己的影。描好了，立起来一看，真像一只青蛙，他自己看了也要笑。徘徊之间，我们同时发现了印在水门汀上的竹叶的影子，同声地叫起来："啊！好看啊！中国画！"华明就拿半寸长的铅笔去描。弟弟手痒起来，连忙跑进屋里去拿铅笔。我学他的口头禅喊他："对起，对起，给我也带一枝来！"不久他拿了一把木炭来分送我们。华明就收藏了他那半寸长的法宝，改用木炭来描。大家蹲下去，用木炭在水门汀上参参差差地描出许多竹叶来。一面谈着："这一枝很像校长先生房间里的横幅呢！""这一丛很像我家堂前的立轴呢！""这是《芥子园》画谱里的！""这是吴昌硕的！"忽然一个大人的声音在我们头上慢慢地响出来："这是管夫人的！"大家吃了一惊，立起身来，看见爸爸反背着手立在水门汀旁的草地上看我们描竹，他明明是来得很久了。华明难为情似的站了起来，

把拿木炭的手藏在背后，似乎恐防爸爸责备他弄脏了我家的水门汀。爸爸似乎很理解他的意思，立刻对着他说道："谁想出来的？这画法真好玩呢！我也来描几瓣看。"弟弟连忙拣木炭给他。爸爸也蹲在地上描竹叶了，这时候华明方才放心，我们也更加高兴，一边描，一边拿许多话问爸爸：

"管夫人是谁？"她是一位善于画竹的女画家。她的女夫名叫赵子昂，是一位善于画马的男画家。他们是元朝人，是中国很有名的两大夫妻画家。

"马的确难画，竹有什么难画呢？照我们现在这种描法，岂不容易又很好看吗？""容易固然容易，但是这么'依样画葫芦'，终究缺乏画意，不过好玩罢了。画竹不是照真竹一样描，须经过选

择和布置。画家选择竹的最好看的姿态，巧妙地布置在纸上，然后成为竹的名画。这选择和布置很困难，并不比画马容易。画马的困难在于马本身上，画竹的困难在于竹叶的结合上。粗看竹画，好像只是墨笔的乱撇，其实竹叶的方向，疏密、浓淡、肥瘦，以及集合的形体，都要讲究。所以在中国画法上，竹是一专门的部分。平生专门研究画竹的画家也有。"

"竹为什么不用绿颜料来画，而常用墨笔来画呢？用绿颜料撇竹叶，不更像吗？""中国画不注重'像不像'，不同西洋画那么画得同真物一样。凡画一物，只要能表出像我们闭目回想时所见的一种神气，就是佳作了。所以西洋画像照相，中国画像符号。符号只要用墨笔就够了。原来墨是很好的一种颜料。它是红黄蓝三原色等量混合而成的。故墨画中看似只有一色，其实包罗三原色，即包罗世界上所有的颜色。故墨画在中国画中是很高贵的一种画法。故用墨来画竹，是最正当的。倘然用了绿颜料，就因为太像实物，反而失却神气。所以中国画家不喜欢用绿颜料画竹，反之，却喜欢用与绿相反对的红色来画竹。这叫作'朱竹'，是用笔蘸了朱砂来撇的。你想，世界上哪有红色的竹？但这时候画家所描的，实在已经不是竹，只是竹的一种美的姿势，一种活的神气，所以不妨用红色来描。"爸爸说到这里，丢了手中的木炭，立起身来结束地说："中国画大都如此。"我们对中国画应该都取这样的看法。

月亮渐渐升高来，竹影渐渐与地上描着的木炭线相分离，现出参差不齐的样子来，好像脱了版的印刷。夜渐深了，华明就告辞了。"明天日里头[1]来看这地上描着的影子，一定更好看。但希望天不要落雨，

---

① 日里头，即白天。

洗去了我们的‘墨竹’，大家明天会！”他说着就出去了。我们送他出门。我回到堂前，看见中堂挂着的立轴——吴昌硕描的墨竹——似觉更有意味。那些竹叶的方向，疏密、浓淡、肥瘦，以及集合的形体，似乎都有意义，表出着一种美的姿态，一种活的神气。

杨柳

因为我的画中多杨柳树，就有人说我喜欢杨柳树；因为有人说我喜欢杨柳树，我似觉自己真与杨柳树有缘。但我也曾问心，为什么喜欢杨柳树？到底与杨柳树有什么深缘？其答案了不可得。原来这完全是偶然的：昔年我住在白马湖上，看见人们在湖边种柳，我向他们讨了一小株，种在寓屋的墙角里。因此给这屋取名为“小杨柳屋”，因此常取见惯的杨柳为画材，因此就有人说我喜欢杨柳，因此我自己似觉与杨柳有缘。假如当时人们在湖边种荆棘，也许我会给屋取为“小荆棘屋”，而专画荆棘，成为与荆棘有缘，亦未可知。天下事往往如此。

但假如我存心要和杨柳结缘，就不说上面的话，而可以附会种种的理由上去。或者说我爱它的鹅黄嫩绿，或者说我爱它的如醉如舞，或者说我爱它像小蛮的腰，或者说我爱它是陶渊明的宅边所种的，或者还可引援“客舍青青”的诗，“树犹如此”的话，以及“王恭之貌”“张绪之神”等种种古典来，作为自己爱柳的理由。即使要找三百个冠冕堂皇、高雅深刻的理由，也是很容易的。天下事又往往如此。

也许我曾经对人说过“我爱杨柳”的话。但这话也是随缘的。仿佛我偶然买一双黑袜穿在脚上，逢人问我“为什么穿黑袜”时，就对他说“我喜欢穿黑袜”一样。实际，我向来对于花木无所爱好；即有之，亦无所执着。这是因为我生长穷乡，只见桑麻、禾黍、烟片、棉花、小麦、大豆，不曾亲近过万花如绣的园林。只在几本旧书里看见过“紫薇”“红杏”“芍药”“牡丹”等美丽的名称，但难得亲近这等名称的所有者。并非完全没有见过，只因见时它们往往使我失望，不相信这便是曾对紫薇郎的紫薇花，曾使尚书出名的红杏，曾傍美人醉卧的芍药，或者象征富贵的牡丹。我觉得它们也只是植物中的几种，不过少见而名贵些，实在也没有什么特别可爱的地方，似乎不配在诗词中那样地受人称赞，更不配在花木中占据那样高尚的地位。因此我似觉诗词中所赞叹的名花是另外一种，不是我现在所看见这种植物。我也曾偶游富丽的花园，但终于不曾见过十足地配称“万花如绣”的景象。

假如我现在要赞美一种植物，我仍是要赞美杨柳。但这与前缘无关，只是我这几天的所感，一时兴到，随便谈谈，也不会像信仰宗教或崇拜主义地毕生皈依它。为的是昨日天气佳，埋头写作到傍晚，不免走到西湖边的长椅子里去坐了一番，看见湖岸的杨柳树上，好像挂着几万串嫩绿的珠子，在温暖的春风中飘来飘去，飘出许多弯度微微的S线来，觉得这一种植物实在美丽可爱，非赞它一下不可。

听人说，这种植物是最贱的。剪一根枝条来插在地上，它也会活起来，后来变成一株大杨柳树。它不需要高贵的肥料或工深的壅培，只要有阳光、泥土和水，便会生活，而且生得非常强健而美丽。牡丹花要吃猪肚肠，葡萄藤要吃肉汤，许多花木要吃豆饼，杨柳树不要吃人家的东西，因此人们说它是“贱”的，大概“贵”是要吃的意思。越要吃得多，越要吃得好，就是越“贵”。吃得很多很好而没有用处，只供观赏的，似乎更贵。例如牡丹比葡萄贵，是为了牡丹吃了猪肚肠只供观赏而葡萄吃了肉汤有结果的缘故。杨柳不要吃人的东西，且有木材供人用，因此被人看作“贱”的。

我赞杨柳美丽，但其美与牡丹不同，与别的一切花木都不同。杨柳的主要的美点，是其下垂。花木大都是向上发展的，红杏能长到“出墙”，古木能长到“参天”。向上原是好的，但我往往看见枝叶花果蒸蒸日上，似乎忘记了下面的根，觉得其样子可恶；你们是靠他养活的，怎么只管高踞上面，绝不理睬他呢？你们的生命建设在他上面，怎么只管贪图自己的光荣，而绝不回顾处在泥土中的根本呢？花木大都如此。甚至下面的根已经被砍，而上面的花叶还是欣欣向荣，在那里做最后一刻的威福，真是可恶而又可怜！杨柳没有这般可恶可怜的样子：它不是不会向上生长。它长得很快，而且很高；但是越长得高，越垂得低。千万条陌头细柳，条条不忘记根本，常常俯首顾着下面，时时借了春风之力，向处在泥土中的根本拜舞，或者和它亲吻。好像一群活泼孩子环绕着他们的慈母而游戏，但时时依傍到慈母的身旁去，或者扑进慈母的怀里去，使人看了觉得非常可爱。杨柳树也有高出墙头的，但我不嫌它高，为了它高而能下，为了它高而不忘本。

自古以来，诗文常以杨柳为春的一种主要题材。写春景曰“万树垂杨”，写春色曰“陌头杨柳”，或竟称春天为“柳条春”。我以为这并非仅为杨柳当春抽条的缘故。实因其树有一种特殊的姿态，与和平美丽的春光十分调和的缘故。这种姿态的特殊点，便是“下垂”。不然，当春发芽的树木不知凡几，何以专让柳条作春的主人呢？只为别的树木都凭仗了春之力而拼命向上，一味求高，忘记了自己的根本。其贪婪之相不合于春的精神。最能象征春的神意的，只有垂杨。

这是我昨天看了西湖边上的杨柳而一时兴起的感想。但我所赞美的不仅是西湖上的杨柳。在这几天的春光之下，乡村处处的杨柳都有这般可赞美的姿态。西湖似乎太高贵了，反而不适于栽植这种“贱”的垂杨呢。

廿四（1935）年三月四日于杭州

梧桐树

寓楼的窗前有好几株梧桐树。这些都是邻家院子里的东西，但在形式上是我所有的。因为它们和我隔着适当的距离，好像是专门种给我看的。它们的主人，对于它们的局部状态也许比我看得清楚；但是对于它们的全体容貌，恐怕始终没看清楚呢。因为这必须隔着相当的距离方才看见。唐人诗云：“山远始为容。”我以为树亦如此。自初夏至今，这几株梧桐树在我面前浓妆淡抹，显出了种种的容貌。

当春尽夏初，我眼看见新桐初乳的光景。那些嫩黄的小叶子一簇簇地顶在秃枝头上，好像一堂树灯[①]，又好像小学生的剪贴图案，布置均匀而带幼稚气。植物的生叶，也有种种技巧：有的新陈代谢，瞒过了人的眼睛而在暗中偷换青黄。有的微乎其微，渐乎其渐，使人不觉察其由秃枝变成绿叶。只有梧桐树的生叶，技巧最为拙劣，但态度最为坦白。它们的枝头疏而粗，它们的叶子平而大。叶子一生，全树显然变容。

① 按作者故乡一带的风俗，人死后须在尸场上靠近头的一端点起树灯，树灯是一种点着许多油灯的树形灯架。

在夏天，我又眼看见绿叶成荫的光景。那些团扇大的叶片，长得密密层层，望去不留一线空隙，好像一个大绿障，又好像图案画中的一座青山。在我所常见的庭院植物中，叶子之大，除了芭蕉以外，恐怕无过于梧桐了。芭蕉叶形状虽大，数目不多，那丁香结要过好几天才展开一张叶子来，全树的叶子寥寥可数。梧桐叶虽不及它大，可是数目繁多。那猪耳朵一般的东西，重重叠叠地挂着，一直从低枝上挂到树顶。窗前摆了几枝梧桐，我觉得绿意实在太多了。古人说“芭蕉分绿上窗纱”，眼光未免太低，只是阶前窗下的所见而已。若登楼眺望，芭蕉便落在眼底，应见“梧桐分绿上窗纱”了。

一个月以来，我又眼看见梧桐叶落的光景。样子真凄惨呢！最初绿色黑暗起来，变成墨绿；后来又由墨绿转成焦黄；北风一吹，它们大惊小怪地闹将起来，大大的黄叶便开始辞枝——起初突然地落脱一两片来，后来成群地飞下一大批来，好像谁从高楼上丢下来的东西。枝头渐渐地虚空了，露出树后面的房屋来、终于只剩几根枝条，回复了春初的面目。这几天它们空手站在我的窗前，好像曾经娶妻生子而家破人亡了的光棍，样子怪可怜的！我想起了古人的诗：“高高山头树，风吹叶落去。一去数千里，何当还故处？”现在倘要搜集它们的一切落叶来，使它们一齐变绿，重还故枝，回复夏日的光景，即使仗了世间一切支配者的势力，尽了世间一切机械的效能，也是不可能的事了！回黄转绿世间多，但象征悲哀的莫如落叶，尤其是梧桐的落叶落花也曾令人悲哀。但花的寿命短促，犹如婴儿初生即死，我们虽也怜惜他，但因对他关系未久，回忆不多，因之悲哀也不深。叶的寿命比花长得多，尤其是梧桐的叶，自初生至落尽，占有大半年之久，况且这般繁茂，这般盛大！眼前高厚浓重的几堆大绿，一朝化为乌有！“无常”的象征，莫大于此了！

但它们的主人，恐怕没有感到这种悲哀。因为他们虽然种植了它们，所有了它们，但都没有看见上述的种种光景。他们只是坐在窗下瞧瞧它们的根干，站在阶前仰望它们的枝叶，为它们扫扫落叶而已，何从看见它们的容貌呢？何从感到它们的象征呢？可知自然是不能被占有的。可知艺术也是不能被占有的。

廿四（1935）年十一月廿八日夜作，曾载《宇宙风》

看　灯

今晚我的船所要停泊的市镇上，正在举行“新生活运动提灯大会”。船头离岸尚远，早有鼓乐喧天之声，从远近各处传入我的船室。船家夫妇从下午起，一直在船艄上恨恨地谈论昨夜失去的那条白绵绸裤子。新生活运动鼓乐之声能使他们转恨为喜，到这时候他们忽然起劲地摇着“盖面橹”[①]，兴致勃勃地说起那灯会中的“牡丹亭”“白毛太狮”来。

市里的岸边停着许多客船，我们的船不能摇进市中，只得泊在市梢。船家夫妇做夜饭给我吃，同时为我谈起灯会的种种盛况。他们说这是难得看得到的；又说像我，描画的人，更是非看不可。他们能包我描得许多“出色”的画。最后又郑重地叮嘱我，衣帽物件务要收藏得好，防恐蹈了昨夜的覆辙。

黄昏九时，我由船主人引导，穿过了一片汗臭的人海，来到茅厕斜对面的一所败屋的门前。船主人说，在这地方看灯再好勿有。别的房屋的门口，都站满着人，只有这庑下比较的空些。原来这败屋的门紧紧地关闭着，里面并无主人出来看灯，专把它庑下这块在当时千金难买的空地，让给像我这样的过路人驻足。我举头一看，

①摇“盖面橹”，作者家乡话，指船即将靠岸的摇法，因橹吃水不深，故谓“盖面”。——编者注

望见檐下挂着一块破旧不堪的匾额，额上写着“土谷祠”三字，心想这里面大约没有阿Q，或者也有，而正在参加提灯，所以关着门。门外已疏朗朗地站着十来个人，但一边尚有几尺空地，好像是专为我和船主人留着的。走近一看，地下有着很大的一个水洼，其深不可测。船主人去近旁拾些砖头来，在这些水洼里填起两个浮墩，让我把足踏在浮墩上。他自己本来赤着脚，就像种莲花一般地把两脚插在水里，挺起胸部，等候着看灯。

这样地站着等候了约一小时之久，鼓乐之声渐渐地迫近来。路的两旁就有千百个人头，弯弯曲曲地伸进伸出，向鼓乐的来处探望，唯有我一人正襟危立，一些儿不动。人之见者，或将赞我镇静不躁，修养功夫极深。果尔，我将感谢我脚底下的两个浮墩。其实我早该感谢它们。因为这时候，站到土谷祠庑下来的人已渐次增加了不少，颇有些儿拥挤，但始终没有人敢挨近我身边来。我仿佛是占据着梁山泊的强徒，四面环绕着水，任何官兵不敢相犯。

鼓乐只管在近处喧阗。花灯只管不来。我的两脚只管保住了一尺半的距离而分立着，有些儿麻木了。我的眼睛只管望见罗汉像一般的人头，也有些儿看厌了。视线所及，只有斜对面茅厕上络绎不绝的小便者，变化丰富，姿势各殊，暂时代替花灯供我欣赏。这会我独得了珍奇的阅历：有生以来，从未对着这样拥挤的茅厕做这样长久的观察。吾今始知小便者的态度姿势变化之多。想描出几个，伸手向衣袋

中摸速写簿，遍摸不得。料想是一小时之前通过人海时被挤出衣袋而落在途中了，或者被人误认作皮夹掏去了。我之所谓速写簿，其实只是六个铜板买来的一本小拍纸簿，厚纸的旁边装着一个自己手制的铅笔套，套内插着半枝大华厂“唯一国货”的6B铅笔罢了。不过里面已经写着一幅船主人洗脚图，失去了略觉可惜；当时眼前的小便者的姿态无法速写，又觉得可惜。

继续看了络绎不绝的许多小便者之后，花灯方始迎来。我目不转瞬地注视，想多看些，以偿盼待之劳。可是那些花灯都像灵隐道上的轿子一般匆匆地从我眼前抬过，不肯给我细看。而我呢，也因为在水泊中的浮墩上一动不动地继续站立了一小时多，异常疲劳，没有仔细看灯的精力了。只觉无数乒乓球制的小电灯在我眼前络绎不绝地经过，等它们过完之后，我靠了船主人的手援，跳出水泊，再穿过了汗臭的人海而归到船埠。

坐在船室中，船主人便问我今晚可得几幅画。我闭目探索，只有那茅厕中一个小便者的姿态，在我脑中留有明确的印象。便背摹其状。

廿三（1934）年五月十九日

旧地[1]重游

旧地重游，以前所惯识的各种景物争把过去的事情告诉我，使我耳目应接不暇，心情不胜感慨。我素不喜重游旧居之地，便是为此。但到了不得已的时候，也只得硬着头皮，带着赴难似的心情去重游。前天又为了不得已之故，重到旧地。诗人在这当儿一定可以吟几句。我也想学学看，但觉心绪缭乱，气结不能言，遑论作诗？只是那迎人的柳树使我忆起了从前在不知什么书上读过的一首古人诗："此地曾居住。今年宛如归。可怜汾上柳。相见也依依。"

这二十个字在我心中通过，心绪似被整理，气也通畅得多了。

次日上午，朋友领我到了旧时所惯到的茶楼上，坐在旧时所惯坐的藤椅里。便有旧时惯见的茶伙计的红肿似的手臂，拿了旧时所惯用的茶具来，给我们倒茶。这里是楼上的内室。室中只设五桌座位，他们称之为"雅座"。茶钱比他处贵，外室和楼上每壶十一个铜圆，这里要十六个铜圆。因这缘故，雅座常很清静。外室和楼下充满了紫铜色的脸，翡翠色的脸，和愤恨不平的话声时，你只要

① 旧地，指嘉兴。

走上扶梯，钻进一个环门，就有娴静的明窗净几。有时空无一人，专等你来享用：有时窗下墙角疏朗朗地点缀着几个小白脸，金牙齿，或仁丹须，静静地在那里咬瓜子或者摆腿。这好比超过了红尘而登入仙境。五个铜板的法力大矣哉。以前我住在此地的时候，每次到这茶楼，未尝不这样赞叹。这回久别重到，适值外室和楼下极闹而雅座为我们独占，便见脸盆大的五个铜板出现在我的眼前了。我们替茶店打算，这里虽然茶钱贵了五个铜板，但是比较起外面来，座位疏，设备贵，顾客少。照外面的密接的布置，这块地方有十桌可摆，这里只摆五桌。外面用圆凳，这里用藤椅子。外面坐客常满，这里空的时候多。三路的损失绝不止五个铜板。这雅座显然是蚀本生意。这样想来，我们和小白脸、金牙齿、仁丹须的清福，全是那紫铜色的脸，翡翠色的脸和愤恨不平的话声所惠赐的。

我注视桌面，温习那旧时所看熟的木纹的模样。那红肿似的手臂又提了茶罐出现在我的眼前。手臂上面有一张笑口正在对我说话。

“老先生，长久不到了。近来出门？”

“嘿嘿，长久不到了，我已经搬走，今天是来做客的。”

“啊，搬走了！怪不得老客人长久不到了。”

“这房间都是老客人吗？”

“嗳，总是这几位先生。难得有生客。”

“我看这里空的时候多，你们怎么开销？”

“嗳，生意是全靠外面的，不过长衫班的先生请过来，这里座位清爽些。哈哈！”

他一面笑，一面把雪白的热手巾分送给我们，并加说明：

“这毛巾都是新的，旧的都放在外面用。”

啊，他还记忆着我旧时的习惯。我以前不欢喜和别人共用毛巾。

这习惯的由来，最初是一种特殊的癖，后来是怕染别人的病，又后来是因为自己患沙眼，怕把这“亡国之病”传给别人。所以出门的时候，严格地拒绝热手巾。这茶伙计的热手巾也曾被我拒绝过。我不到这茶楼已将两年了，他还记忆着我的习惯。在这点上他可说是我的知己。其实，近来我这习惯，已经移改。因为我觉得严防传染病近于迷信，又觉得严防“亡国之病”未必可以保国，这特殊的癖就渐渐消除。况且我这知己用了这般殷勤体贴的态度而把雪白的热手巾送到我手里，却之不恭。我便欣然地接受而享用了。雪白，火热的一团花露水香气扑上我的面孔，颇觉快适。但回味他的说话，心中又起一种不快之感，这些清静的座位，雪白的毛巾，原来是茶店老板特备给当地的绅士先生们享用的。像我，一个过路的旅客，不过穿件长衫，今天也来掠夺他们的特权，而使外面的人们用我所用旧的毛巾，实在不应该；同时我也不愿意。这茶伙计已经知道我是过路的客人，他为了过去的旧谊而浪费这种殷勤，我对于他这点纯洁的人情是应该恭敬地领谢的。

我送还他毛巾的时候说了一声“谢谢你！”但这三个字在这环境之下用得很不适当。那人惊异地向我一看。然后提了茶罐和毛巾走出环门去。他的背影的姿态突然使我回复了两年前的心情，似觉这两年间的生活是做一个梦，并未过去。

归家的火车十二点钟开。我在十一点半辞别了我的朋友而先下茶楼。走过通达我的旧寓的小路口，望见里面几株杨柳正在向我点头。似乎在告诉我：“一架图书和一群孩子在这柳荫深处的老屋里等你归去呢！”我的脚几乎顺顺地跨进了小路，终于踏上马路向车站方面去了。

廿二（1933）年五月七日。

塘栖

夏目漱石的小说《旅宿》(日文名《草枕》)中，有这样的一段文章："像火车那样足以代表二十世纪的文明的东西，恐怕没有了。把几百个人装在同样的箱子里蓦然地拉走，毫不留情。被装进在箱子里的许多人，必须大家用同样的速度奔向同一车站，同样地熏沐蒸汽的恩泽。别人都说乘火车，我说是装进火车里。别人都说乘了火车走，我说被火车搬运。像火车那样蔑视个性的东西是没有的了……"

我翻译这篇小说时，一面非笑这位夏目先生的顽固，一面体谅他的心情。在二十世纪中，这样重视个性，这样嫌恶物质文明的，恐怕没有了。有之，还有一个我，我自己也怀着和他同样的心情呢。从我乡石门湾到杭州，只要坐一小时轮船，乘一小时火车，就可到达。但我常常坐客船，走运河，在塘栖过夜，走它两三天，到横河桥上岸，再坐黄包车来到田家园的寓所。这寓所赛如我的"行宫"，有一男仆经常照管着。我那时不务正业，全靠在家写作度日，虽不富裕，倒也开销得过。

客船是我们水乡一带地方特有的一种船。水乡地方，河流四通八达。这环境娇养了人，三五里路也要坐船，不肯步行。客船最讲究，船内装备极好。分为船艄、船舱、船头三部分，都有板壁隔开。船艄是摇船人工作之所，烧饭也在这里。船舱是客人坐的，船头上安置什物。舱内设一榻、一小桌，两旁开玻璃窗，窗下都有坐板。那张小桌平时摆在船舱角里，三只短脚搁在坐板上，一只长脚落地。倘有四人共饮，三只短脚可接长来，四脚落地，放在船舱中央。此桌约有二尺见方，叉麻雀[①]也可以。舱内隔壁上都嵌着书画镜框，竟像一间小小的客堂。这种船真可称之为画船。这种画船雇用一天大约一元（那时米价每石约二元半）。我家在附近各埠都有亲戚，往来常坐客船。因此船家把我们当作老主顾。但一般人只雇一天，不在船中宿夜。只有我到杭州，才包它好几天。

吃过早饭，把被褥用品送进船内，从容开船。凭窗闲眺两岸景色，自得其乐。中午，船家送出酒饭来。傍晚到达塘栖，我就上岸去吃酒了。塘栖是一个镇，其特色是家家门前建着凉棚，不怕天雨。有一句话，叫作"塘栖镇上落雨，淋勿着"。"淋"与"轮"发音相似，所以凡事轮不着，就说"塘栖镇上落雨"。且说塘栖的酒店，有一特色，即酒菜种类多而分量少。几十只小盆子罗列着，有荤有素，有干有湿，有甜有咸，随顾客选择。真正吃酒的人，才能赏识这种酒家。若是壮士、莽汉，像樊哙、鲁智深之流，不宜上这种酒家。他们狼吞虎咽起来，一盆酒菜不够一口。必须是所谓酒徒，才可请进来。酒徒吃酒，不在菜多，但求味美。呷一口花雕，嚼一片嫩笋，其味无穷。这种人深得酒中三昧，所以称之为"徒"。迷于赌博的叫作赌徒，迷于吃酒的叫作酒徒。但爱酒毕竟和爱钱不同，故酒徒不宜与赌徒同列。和尚称为僧徒，与酒徒同列可也。我发了这许多议论，无非要表示我是个酒徒，故能赏识塘栖的酒家。我吃过一斤花雕，要酒家做碗素面，便醉饱了。算还了酒钞，便走出门，到淋勿着的

① 叉麻雀，一种牌戏。——编者注

塘栖街上去散步。塘栖枇杷是有名的。我买些白沙枇杷，回到船里，分些给船娘，然后自吃。

在船里吃枇杷是一件快适的事。吃枇杷要剥皮，要出核，把手弄脏，把桌子弄脏。吃好之后必须收拾桌子，洗手，实在麻烦。船里吃枇杷就没有这种麻烦。靠在船窗口吃，皮和核都丢在河里，吃好之后在河里洗手。坐船逢雨天，在别处是不快的，在塘栖却别有趣味。因为岸上淋勿着，绝不妨碍你上岸。况且有一种诗趣，使你想起古人的佳句："人人尽说江南好，游人只合江南老。春水碧于天，画船听雨眠。""闲梦江南梅熟日，夜船吹笛雨潇潇。"古人赞美江南，不是信口乱道，确是亲身体会才说出来的。江南佳丽地，塘栖水乡是代表之一。我谢绝了二十世纪的文明产物的火车，不惜工本地坐客船到杭州，实在并非顽固。知我者，其唯夏目漱石乎?

山中避雨

前天同了两女孩到西湖山中游玩，天忽下雨。我们仓皇奔走，看见前方有一小庙，庙门口有三家村，其中一家是开小茶店而带卖香烛的。我们趋之如归。茶店虽小，茶也要一角钱一壶。但在这时候，即使两角钱一壶，我们也不嫌贵了。

茶越冲越淡，雨越落越大。最初因游山遇雨，觉得扫兴；这时候山中阴雨的一种寂寥而深沉的趣味牵引了我的感兴，反觉得比晴天游山趣味更好。所谓“山色空蒙雨亦奇”，我于此体会了这种境界的好处。然而两个女孩子不解这种趣味，她们坐在这小茶店里躲雨，只是怨天尤人，苦闷万状。我无法把我所体验的境界为她们说明，也不愿使她们“大人化”而体验我所感的趣味。

茶博士坐在门口拉胡琴。除雨声外，这是我们当时所闻的唯一的声音。拉的是《梅花三弄》，虽然声音摸得不大正确，拍子还拉得不错。这好像是因为顾客稀少，他坐在门口拉这曲胡琴来代替收音机做广告的。可惜他拉了一会就罢，使我们所闻的只是嘈杂而冗长的雨声。为了安慰两个女孩子，我就去向茶博士借胡琴。“你的胡琴借我弄弄好不好？”他很客气地把胡琴递给我。

我借了胡琴回茶店，两个女孩很欢喜。“你会拉的？你会拉的？”我就拉给她们看。手法虽生，音阶还摸得准。因为我小时候曾经请我家邻近的柴主人[①]阿庆教过《梅花三弄》，又请对面弄内一个裁缝司务大汉教过胡琴上的工尺。阿庆的教法很特别，他只是拉《梅花三弄》给你听，却不教你工尺的曲谱。他拉得很熟，但他不知工尺。我对他的拉奏望洋兴叹，始终学他不来。后来知道大汉识字，就请教他。他把小工调、正工调的音阶位置写了一张纸给我，我的胡琴拉奏由此入门。现在所以能够摸出正确的音阶者，一半由于以前略有摸 violin（小提琴）的经验，一半仍是根基于大汉的教授的。在山中小茶店里的雨窗下，我用胡琴从容地（因为快了要拉错）拉了种种西洋小曲。两女孩和着了歌唱，好像是西湖上卖唱的，引得三家村里的人都来看。一个女孩唱着《渔光曲》，要我用胡琴去和她。我和着她拉，三家村里的青年们也齐唱起来，一时把这苦雨荒山闹得十分温暖。我曾经吃过七八年音乐教师饭，曾经用 piano（钢琴）伴奏过混声四部合唱，曾经弹过 Beethoven（贝多芬）的 sonata（奏鸣曲）。但是有生以来，没有尝过今日般的音乐的趣味。

两部空黄包车拉过，被我们雇定了。我付了茶钱，还了胡琴，辞别三家村的青年们，坐上车子。油布遮盖我面前，看不见雨景。我回味刚才的经验，觉得胡琴这种乐器很有意思。piano 笨重如棺材，violin 要数十百元一具，制造虽精，世间有几人能够享用呢？胡琴

---

① 柴主人，在作者家乡指替农民称柴并介绍顾主、从中收取少量佣金的人。

只要两三角钱一把，虽然音域没有violin之广，也尽够演奏寻常小曲。虽然音色不比violin优美，装配得法，其发音也还可听。这种乐器在我国民间很流行，剃头店里有之，裁缝店里有之，江北船上有之，三家村里有之。倘能多造几个简易而高尚的胡琴曲，使像《渔光曲》一般流行于民间，其艺术陶冶的效果，恐比学校的音乐课广大得多呢。我离去三家村时，村里的青年们都送我上车，表示惜别。我也觉得有些儿依依。（曾经搪塞他们说："下星期再来！"其实恐怕我此生不会再到这三家村里去吃茶且拉胡琴了）若没有胡琴的因缘，三家村里的青年对于我这路人有何惜别之情，而我又有何依于这些萍水相逢的人呢？古语云："乐以教和。"我做了七八年音乐教师没有实证过这句话，不料这天在这荒村中实证了。

廿四（1935）年秋日作，曾载《新中华》

半篇莫干山游记

前天晚上，我九点钟就寝后，好像有什么求之不得似的只管辗转反侧，不能入睡。到了十二点钟模样，我假定已经睡过一夜，现在天亮了，正式地披衣下床，到案头来续写一篇将了未了的文稿。写到两点半钟，文稿居然写完了，但觉非常疲劳。就再假定已经度过一天，现在天黑了，再卸衣就寝，躺下身子就酣睡。

次日早晨还在酣睡的时候，听得耳边有人对我说话："Z先生[①]来了！Z先生来了！"是我姐的声音。我睡眼蒙眬地跳起身来，披衣下楼，来迎接Z先生。Z先生说："扰你清梦！"我说："本来早已起身了。昨天写完一篇文章，写到了后半夜，所以起得迟了。失迎失迎！"下面就是寒暄。他是昨夜到杭州的，免得夜间敲门，昨晚宿在旅馆里。今晨一早来看我，约我同到莫干山去访L先生[②]。他知道我昨晚写完了一篇文稿，今天可以放心地玩，欢喜无量，兴高采烈地叫："有缘！有缘！好像知道我今天要来的！"我也学他叫一遍："有缘！有缘！好像知道你今天要来的！"

我们寒暄过，喝过茶，吃过粥，就预备出门。我提议："你昨天到杭州已夜了。没有见过西湖，今天得先去望一望。"他说："我

① Z先生，按即谢先生，指谢颂羔。

② L先生，按即李先生，指李圆净。

是生长在杭州的，西湖看腻了。我们就到莫干山吧。”“但是，赴莫干山的汽车几点钟开，你知道吗？”“我不知道。横竖汽车站不远，我们撞去看。有缘，便搭了去；倘要下午开，我们再去玩西湖。”“也好，也好。”他提了带来的皮包，我空手，就出门了。

黄包车拉我们到汽车站。我们望见站内一个待车人也没有，只有一个站员从窗里探头出来，向我们慌张地问：“你们到哪里？”我说：“到莫干山，几点钟有车？”他不等我说完，用手指着买票处乱叫：“赶快买票，就要开了。”我望见里面的站门口，赴莫干山的车子已在咕噜咕噜地响了。我有些茫然：原来我以为这几天莫干山车子总是下午开的，现在不过来问钟点而已，所以空手出门，连速写簿都不曾携带。但现在真是“缘”了，岂可错过？我便买票，匆匆地拉了Z先生上车。上了车，车子就向绿野中驰去。

坐定后，我们相视而笑。我知道他的话要来了。果然，他又兴高采烈地叫：“有缘！有缘！我们迟到一分钟就赶不上了！”我附和他：“多吃半碗粥就赶不上了！多撒一场尿就赶不上了！有缘！有缘！”车子声比我们的说话声更响，使我们不好多谈“有缘”，只能相视而笑。

行驶了约半点钟，忽然车头上“嗤”的一声响，车子就在无边的绿野中间的一条黄沙路上停

下了。司机叫一声“葛娘！[1]”跳下去看。乘客中有人低声地说：“毛病了！”司机和卖票人观察了车头之后，交互地连叫“葛娘！葛娘！”我们就知道车子的确有毛病了。许多乘客纷纷地起身下车，大家围集到车头边去看，同时问司机：“车子怎么了？”司机说：“车头底下的螺旋钉脱落了！”说着向车子后面的路上找了一会，然后负着手站在黄沙路旁，向绿野中眺望，样子像个“雅人”。乘客赶上去问他：“喂，究竟怎么了！车子还可以开否？”他回转头来，沉下了脸孔说：“开不动了！”乘客喧哗起来：“抛锚了！这怎么办呢？”有的人向四周的绿野环视一周，苦笑着叫：“今天要在这里便中饭了！”咕噜咕噜了一阵之后，有人把正在看风景的司机拉转来，用代表乘客的态度，向他正式质问善后办法：“喂！那么怎么办呢？你可不可以修好它？难道把我们放生了？”另一个人就去拉司机的臂：“嗳！你去修吧！你去修吧！总要给我们开走的。”但司机摇摇头，说：“螺旋钉落脱了，没有法子修的。等有来车时，托他们带信到厂里去派人来修吧。总不会叫你们来这里过夜的。”乘客们听见“过夜”两字，心知这抛锚非同小可，至少要耽搁几个钟头了，又是咕噜咕噜了一阵。然而司机只管向绿野看风景，他们也无可奈何他。于是大家懒洋洋地走散去。许多人一边踱，一边骂司机，用手指着他说：“他不会修的，他只会开的，饭桶！”那“饭桶”最初由他们笑骂，后来远而避之，一步一步地走进路旁的绿荫中，或“矫首而遐观”，或“抚孤松而盘桓”，态度越悠闲了。

等着了回杭州的汽车，托他们带信到厂里，由厂里派机器司务来修，直到修好，重开，其间约有两小时之久。在这两小时间，荒

① 葛娘，即“个娘”，江南一带的骂人话。——编者注

郊的路上演出了恐怕是从来未有的热闹。各种服装的乘客——商人、工人、洋装客、摩登女郎、老太太、小孩、穿制服的学生、穿军装的兵，还有外国人——在这抛了锚的公共汽车的四周低徊巡游，好像是各阶级派到民间来复兴农村的代表。最初大家站在车身旁边，好像群儿舍不得母亲似的。有的人把车头抚摩一下，叹一口气；有的人用脚在车轮上踢几下，骂它一声；有的人俯下身子来观察车头下面缺了螺旋钉的地方；又向别处检探，似乎想检出一个螺旋钉来，立刻配上，使它重新行驶。最好笑的是那个兵，他带着手枪雄赳赳地站在车旁，愤愤地骂，似乎想拔出手枪来强迫车子走路。然而他似乎知道手枪要不过螺旋钉，终于没有拔出来，只是骂了几声。那公共汽车老大不才地站在路边，任人骂它“葛娘”，只是默然。好像自知有罪，被人辱及娘或妈也只得忍受了。它的外形还是照旧，尖尖的头，矮矮的四脚，庞然的大肚皮，外加簇新的黄外套，样子神气活现。然而为了内部缺少了小指头大的一只螺旋钉，竟暴卒在荒野中的路旁，任人辱骂！

乘客们骂过一会之后，似乎悟到了骂是没有用的，大家向四野走开去。有的赏风景，有的讲地势，有的从容地蹲在田间。一时间光景大变，似乎大家忘记了车子抛锚的事件，变成 picnic（郊游）的一群。我和 Z 先生原是来玩玩的，万事随缘，一向不觉得惆怅。我们望见两个时髦的都会之客走到路边的朴陋的茅屋边，映成强烈的对照，便也走到茅屋旁边去参观。Z 先生的话又来了：“这也是缘！这也是缘！不然，我们哪得参观这些茅屋的机会呢？”他就同闲坐在茅屋门口的老妇人攀谈起来。

“你们这里有几户人家？”

“就是我们两家。”

“那么，你们出市很不便，到哪里去买东西呢？”

“出市要到两三里外的××。但是我们不大要买东西。乡下人有得吃些就算了。”

“这是什么树？”

“樱桃树，前年种的，今年已有果子吃了。你看，枝头上已经结了不少。”

我和Z先生就走过去观赏她家门前的樱桃树。看见青色的小粒子果然已经累累满枝了，大家赞叹起来。我只吃过红了的樱桃，不曾见过枝头上青青的樱桃。只知道“红了樱桃，绿了芭蕉”的颜色对照的鲜美，不知道樱桃是怎样红起来的。一个月后都市里绮窗下洋瓷盆里盛着的鲜丽的果品，想不到就是在这种荒村里茅屋前的枝头上由青青的小粒子守红来的。我又惦记起故乡缘缘堂来。前年我在堂前手植一株小樱桃树，去年夏天枝叶甚茂，却没有结子。今年此刻或许也有青青的小粒子缀在枝头上了。我无端地离去了缘缘堂来做杭州的寓公，觉得有些对它们不起。然而幸亏如此，缘缘堂和小樱桃现在能给我甘美的回忆。倘然一天到晚摆在我的眼前，恐怕不会给我这样的好感了。这是我的弱点，也是许多人共有的弱点。也许不是弱点，是人类习性之一，不在目前的状态比目

前的状态可喜；或是美的条件之一，想象比现实更美。我出神地对着樱桃树沉思，不知这一期间Z先生和那老妇人谈了些什么话。

原来他们已谈得同旧相识一般，那老妇人邀我们到她家去坐了。我们没有进去，但站在门口参观她的家。因为站在门口已可一目了然地看见她的家里，没有再进去的必要了。她家里一灶、一床、一桌和几条长凳，还有些日用上少不得的零零碎碎的物件。一切公开，不大有隐藏的地方。衣裳穿在身上了，这里所有的都是吃和住所需要的最起码的设备，除此以外并无一件看看的或玩玩的东西。我对此又想起了自己的家里来。虽然我在杭州所租的是连家具的房子，打算暂住的，但和这老妇人的永远之家比较起来，设备复杂得不可言。我们要有写字桌，有椅子，有玻璃窗，有阳台，有电灯，有书，有文具，还要有壁上装饰的书画，真是太啰唆了！近年来励行躬自薄而厚遇于人的Z先生看了这老妇人之家，也十分叹佩。因此我又想起了某人题行脚头陀图像的两句："一切非我有，放胆而走。"这老妇人之家究竟还"有"，所以还少不了这扇柴门，还不能放胆而走。只能使度着啰唆的生活的我和Z先生看了十分叹佩而已。实际，我们的生活在中国总算是啰唆的了。据我在故乡所见，农人、工人之家，除了衣食住的起码设备以外，极少有赘余的东西。我们一乡之中，这样的人家占大多数。我们一国之中，这样的乡镇又占大多数。我们是在大多数简陋生活的人中度着啰唆生活的人；享用了过些啰唆的供给的人，对于世间有什么相当的贡献呢？我们这国家的基础，还是建设在大多数简陋生活的工农上面的。

望见抛锚的汽车旁边又有人围集起来了，我们就辞了老妇人走到车旁。原来没有消息，只是乘客等得厌倦，回到车边来再骂脱几声，以解烦闷。有的人正在责问司机："为什么机器司务还不来？""你为什么不乘了他们的汽车到站头上去打电话？快得多哩！”但司机没有什么话回答，只是向那条漫漫的长路的杭州方面的一端盼望了一下。许多乘客大家时时向这方面盼望，正像大旱之望云霓。我也跟着众人向这条路上盼望了几下。那“青天漫漫覆长路”的印象，到现在还历历在目，可以画得出来。那时我们所盼望的是一架小车，载着一个精明干练的机器司务，带了一包螺旋钉和修理工具，从地平线上飞驰而来；立刻把病车修好，载了乘客重登前程。我们好比遭了难的船漂泊在大海中，渴望着救生船的到来。我觉得我们有些惭愧：同样是人，我们只能坐坐的，司机只能开开的。

久之，久之，彼方的地平线上涌出一黑点，渐渐地大起来。“来了！来了！”我们这里发出一阵愉快的叫声。然而开来的是一辆极漂亮的新式小汽车，飞也似的通过了我们这病车之旁而长逝。只留下些汽油气和香水气给我们闻闻。我们目送了这辆“油壁香车”之后，再回转头来盼望我们的黑点。久之，久之，地平线上果然又涌出了一个黑点。“这回一定是了！”有人这样叫，大家伸长了脖子翘盼。但是司机说：“不是，是长兴班。”果然那黑点渐大起来，变成了黄点，又变成了一辆公共汽车而停在我们这病车的后面了。这是司机唤他们停的。他问他们有没有救我们的方法，可不可以先分载几十客人去。那车上的司机下车来给我们的病车诊察了一下，摇摇头上车去。许多客人想拥上这车去，然而车中满满的，没有一个空座位，都被拒绝出来。那卖票的把门一关，立刻开走。车中的人从玻璃窗内笑着回顾我们。我们呢，站在黄沙路边上蹙着眉头目送他们，莫得同车归，自己觉得怪可怜的。

后来终于盼到了我们的救星。来的是一辆破旧不堪的小篷车。里面走出一个浑身龌龊的人来。他穿着一套连裤的蓝布的工人服装，满身是油污，头戴一顶没有束带的灰色呢帽，脸色青白而处处涂着油污，望去与呢帽分别不出。脚上穿一双橡皮底的大皮鞋，手中提着一只荷包。他下了篷车，大踏步走向我们的病车头上来。大家让他路，表示起敬。又跟了他到车头前去看他显本领。他到车头前就把身体仰卧在地上，把头钻进车底下去。我在车边望去，看到的仿佛是汽车闯祸时的可怕的样子。过了一会他钻出来，立起身来，摇摇头说：“没有这种螺旋钉。带来的都配不上。”乘客和司机都着起急来：“怎么办呢？你为什么不多带几种来？”他又摇摇头说：“这种螺旋厂里也没有，是定做的。”听见这话的人都慌张了。有几十人几乎哭得出来。然而机器司务忽然计上心来。他对司机说：“用木头做！”司机哭丧着脸说：“木头呢？刀呢？你又没带来。”机器司务向四野一望，断然地说道：“同老百姓借！”就放下手中的荷包，径奔向那两间茅屋。他借了一把厨刀和一根硬柴回来，就在车头旁边削起来。茅屋里的老妇人另拿一根硬柴走过来，说怕那根是空心的，用不得，所以再送一根来。机器司务削了几刀之后，果然发现他拿的一根是空心的，就改用了老妇人手里一根。这时候打了圈子监视着的乘客，似乎大家感谢机器司务和那老妇人。衣服丽都或身带手枪的乘客，在这时候只得求教于这个龌龊的工人；堂堂的杭州汽车厂，在这时候只得乞

助于荒村中的老妇人；物质文明极盛的都市里开来的汽车，在这时候也要向这起码设备的茅屋里去借用工具。乘客靠司机，司机靠机器司务，机器司务最终靠老百姓。

机器司务用茅屋里的老妇人所供给的工具和材料，做成了一只代用的螺旋钉，装在我们的病车上，病果然被他治愈了。于是司机又高高地坐到他那主席的座位上，开起车来；乘客们也纷纷上车，各就原位，安居乐业，车子立刻向前驶行。这时候春风扑面，春光映目，大家得意扬扬地观赏前途的风景，不再想起那龌龊的机器司务和那茅屋里的老妇人了。

我同Z先生于下午安全抵达朋友L先生的家里，玩了数天回杭。本想写一篇“莫干山游记”，然而回想起来，觉得只有去时途中的一段可以记述，就在题目上加了“半篇”两字。

廿四（1935）年四月二十二日于杭州

看残菊有感

近月来的报纸上，菊花展览会的广告常常傍着了水灾求赈的启事而并载着。我向来缺乏看花的兴趣，对这广告很抱歉。昨天，偶然路过一处菊花展览会，同行的朋友说："这是最后的一天了。我们明年有没有得看菊花？天晓得！进去看一看吧。"我就跟了他进去看。

我懊悔进去看了！因为时节已是初冬，那些菊花都已萎靡或凋残，在北风中颤抖，样子异常可怜。好似伏在地上的一群褴褛的难民，正在伸手向人求施。又好似送尽了青春的繁荣而垂死的人，使我们中年人看了分外惊心动魄。

我看了一看，就拉我的朋友一同出来。我没有从看花受到快乐，却带了一种感伤出来。它一路伴随我，一直跟我到了家里，现在且把我的所感写出些来，聊抒胸中抑郁之情。

看花到底是春日的事。虽说秋花也有冷艳，然而寂寞的秋心难于领略，何况残秋的残菊，怎不令人感伤呢？幼年时唱西洋歌曲《夏天最后的蔷薇》（《夏日里最后的玫瑰》），曾经兴起感伤，而假想这所谓"最后的蔷薇"便是菊。这会从残菊的展览会里出来，那曲的歌词——Thomas Moore（托马斯·莫尔）的诗——的最后几句特别感伤地在我胸中响着：

So soon may I follow, when friendships decay;
And from love’s shining circle the gems drop away;
When true hearts lie withered, and fond ones have flown,
Oh, who would inhabit this bleak world alone! ①

以看花为乐事的，恐怕只有少年或乐天家。多感的中年人，大抵看了花易兴人生无常之叹，反而陷入悲哀。故我国古代诗人常以花的易谢来比方或隐射人生的易老。《古诗十九首》中就有这类的诗句：

伤彼蕙兰花，含英扬光辉。过时而不采，将随秋草萎。君亮执高节，贱妾亦何为？

陶潜诗中对此也有痛切的慨叹：

采采荣木，结根于兹。晨耀其华，夕已丧之。人生若寄，憔悴有时。静言孔念，中心怅而。

唐人诗中，我最易想起的是这一首：

---

① 歌词大意是：我也会跟你前往，当那友情衰亡；宝石从光环上掉落，爱情暗淡无光；当那真诚的心儿枯萎，心爱的人们都去远方，谁愿意孤独地生活，忍受人世凄凉！

劝君莫惜金缕衣，劝君惜取少年时。花开堪折直须折，莫待无花空折枝！

我暗诵了这些诗，觉得看菊的感伤愈加浓重了。某词人云："春风欲劝座中人，一片落红当眼堕。"今日展览会里的残菊，正像这"一片落红"，对我这霜须的人下了一个恳切的劝告。

中年以后的人，因为自己的青春已逝，看了花大抵要妒忌它，以为人不如花。这妒忌常美化而为感伤。我细细剖析自己的感伤，觉得也含着不少这样的心情。记得前人的诗词中，告白着这心情的亦复不少：

今年花似去年好，去年人到今年老。
始知人老不如花，可惜落花君莫扫。
年年岁岁花相似，岁岁年年人不同。
白发悲花落，青云羡鸟飞。
但愁花有语，不为老人开！

没奈何，感伤者往往逃入酒乡，作掩耳盗铃的自慰。故曰：

日日人空老，年年春更归了。相欢有樽酒，不用惜花飞！

一月主人笑几回？相逢相值且衔杯。眼看春色如流水，今日残花昨日开。

一年又过一年春，百岁曾无百岁人。能向花中几回醉，十斤沽酒莫辞贫。

酒乡可说是我国古代诗人所公认的避愁处。倘真能“长醉不用醒”，果然是一个大好去处，可惜终不免要醒，醒转来依然负着这一颗头颅而立在这一个世界里！

花终于要凋谢，人终于要老死，这种感伤也同归于尽。只有从这些感伤发出来的诗词,永远生存在这世间,不绝地引起后人的共鸣。“人生短，艺术长”，其此之谓欤?

桂林的山

“桂林山水甲天下”，我没有到桂林时，早已听见这句话。我预先问问到过的人，“究竟有怎样的好？”到过的人回答我，大都说是“奇妙之极，天下少有”。这正是武汉疏散人口，我从汉口返长沙，准备携眷逃桂林的时候。抗战节节失利，我们逃难的人席不暇暖，好容易逃到汉口，又要逃桂林去。对于山水，实在无心欣赏，只是偶然带便问问而已。然而百忙之中，必有一闲。我在这一闲的时间想象桂林的山水，假定它比杭州还优秀。不然，何以可称为“甲天下”呢？

我们一家十人，加了张梓生先生家四五人，合包一辆大汽车，从长沙出发到桂林，车资是二百七十元。经过了衡阳、零陵、邵阳，入广西境。闻名已久的桂林山水，果然在二十七（1938）年六月二十四日下午展开在我的眼前。初见时，印象很新鲜。那些山都拔地而起，好像西湖的庄子内的石笋，不过形状庞大，这令人想起古画中的远峰，又令人想起“天外三峰削不成”的诗句。至于水，漓江的绿波，比西湖的水更绿，果然可爱。我初到桂林，心满意足，以为流离中能得这样山明水秀的一个地方来托庇，也是不幸中之大幸。开明书店的陆联棠经理，替我租定了马皇背（街名）的三间平房，又替我买些竹器。竹椅、竹凳、竹床，十人所用，一共花了五十八块桂币。桂币的价值比法币低一半，两块桂币换一块法币。五十八块桂币就是二十九块法币。我们到广西，弄不清楚，曾经几次误将法币当作桂币用。后来留心，买物付钱必打对折。打惯了对折，看见任何数目字都想打对折。我们是六月二十四日到桂林的。后来别人问我哪天到的，我回答"六月二十四"之后，几乎想补充一句："就是三月十二日呀！"

汉口沦陷，广州失守之后，桂林也成了敌人空袭的目标，我们常常逃警报。防空洞是天然的，到处皆有，就在那拔地而起的山的脚下。因了逃警报，我对桂林的山愈加亲近了。桂林的山的性格，我愈加认识清楚了。我渐渐觉得这些不是山，而是大石笋。因为不但拔地而起，与地面成九十度角，而且都是青灰色的童山，毫无一点树木或花草。久而久之，我觉得桂林竟是一片平原，并无有山，只是四围种着许多大石笋，比西湖的庄子里的更大更多而已。我对于这些大石笋，渐渐地看厌了。庭院中布置石笋，数目不多，可以点缀风景；但我们的"桂林"这个大庭院，布置的石笋太多，触目皆是，岂不令人生厌。我有时遥望群峰，想象它们是一只大动物的牙齿，有时望见一带尖峰，又想起小时候在寺庙里的十殿阎王的壁画中所见的尖刀山。假若天空中掉下一个巨人来，掉在这些尖峰上，一定会穿胸破肚，鲜血淋漓，同十殿阎王中所绘的一样。这种想象，使我渐渐厌恶桂林的山。这些时候听到"桂林山水甲天下"这句盛誉，我的感想与前大异：我觉得桂林的特色是"奇"，却不能称"甲"，因为"甲"有十全十美的意思，是总平均分数。桂林的山在天下的风景中，绝不是十全十美。其总平均分数绝不是"甲"。世人往往把"美"与"奇"两字混在一起，搅不清楚，其实奇是罕有少见，不一定美。美是具足圆满，不一定需要奇。三头六臂的人，可谓奇矣，但是谈不到美。天真烂漫的小孩，可为美矣，但是并不稀奇。桂林的山，奇而不美，正同三头六臂的人一样。我是爱画的人。我到桂林，人都说“得其所哉”，意思是桂林山水甲天下，可以入我的画。这使我想起了许多可笑的事：有一次有人报告我：“你的好画材来了，那边有一个人，身长不满三尺，而须长有三四寸。”我跑去一看，原来是做戏法的人带来的一个侏儒。这男子身体不过同桌子面高，而头部是个老人。对这残废者，我只觉得惊骇与怜悯，哪有心情欣赏他的“奇”，更谈不到美与画了。又有一次到野外写生，遇见一个相识的人，他自言熟悉当地风物，好意引导我去探寻美景，他说：“最美的风景在那边，你跟我来！”我跟了他跋山涉水，走得十分疲劳，好容易走到了他的目的地。原来有一株老树，不知遭了什么劫，本身横卧在地，而枝叶依旧欣欣向上。我率直地说，“这难看死了！我不要画。”其人大为扫兴，我倒觉得可惜。可惜的是他引导我来此时，一路上有不少平凡而美丽的风景，我不曾写得。而他所谓美，其实是奇。美其所美，非吾所谓美也。这样的事，我所经历的不少。桂林的山，便是其中之一。

篆文的山字，是三个近乎三角形的东西。古人造象形字煞费苦心，以最简单的笔画，表达最重要的特点。像女字、手字、木字、草字、鸟字、马字、山字、水字等，每一个字是一幅速写画。而山因为望去形似平面，故造出的象形字的模样，尤为简明。从这字上，可知模范的山，是近于三角形的，不是石笋形的；可知桂林的山，不是模范的山，只是山之一种——奇特的山。古语说“仁者乐山，智者乐水”，则又可知

周围山水对于人的性格很有影响。桂林的奇特的山，给广西人一种奇特的性格，勇往直前，百折不挠，而且短刀直入，率直痛快。广西壮族自治区政治办得好，有模范省之称，正是环境的影响；广西产武人，多名将，也是拔地而起山的影响。但是讲到风景的美，则广西还是不参加为是。

"桂林山水甲天下"，本来没有说"美甲天下"。不过讲到山水，最容易注目其美，因此使桂林受不了这句盛赞，若改为"桂林山水天下奇"则庶几近情了。

卅六（1947）年三月七日于杭州

西湖忆旧

我少年时代是西湖上的学生，中年时代是西湖上的寓公，现在老年时代，是西湖上频来的游客。除了抗战期间阔别九年之外，西湖上差不多每年春秋都少不了我的足迹。西湖的山水给我的印象是优美；详言之，是秀丽；再详言之，是妩媚。辛稼轩说："我见青山多妩媚，料青山见我应如是。"我觉得第一句拿来描写西湖上的青山，最为恰当；不过第二句有些可笑。

这印象最初是由一个歌曲帮我造成的。我少年时代在西湖上当学生，我们的音乐教师李叔同先生——就是后来在虎跑寺出家为僧的弘一法师——教我们唱一个三部合唱的歌曲，叫作"西湖"。歌词是李先生自己作的，我至今还背得出：

（高音部独唱）
看明湖一碧，六桥锁烟水。
塔影参差，有画船自来去。
垂杨柳两行，绿染长堤。
飏晴风，又笛韵悠扬起。
（中音部独唱）
看青山四围，高峰南北齐。

山色自空蒙，有竹木媚幽姿。
探古洞烟霞，翠扑须眉。
霎暮雨，又钟声林外起。
（次中音部独唱）
看明湖一碧，六桥敛烟水。
塔影参差，有画船自来去。
垂杨柳两行，绿染长堤
飏晴风，又笛韵悠扬起。
（三部合唱）
大好湖山如此，独擅天然美。
明湖碧，又青山绿作堆。
漾晴光潋滟，带雨色幽奇。
靓妆比西子，尽浓淡总相宜。

李先生是天津人，曾经在上海作寓公，在杭州当教师，最后在西湖上出家。出家以前作这曲歌，还刻了个图章："襟上杭州旧酒痕"。这位"艺僧"对杭州和西湖的好感，于此盖可想见。我少年时候常常在星期天跟两三个同学到西湖上游玩，当然是步行。往往一边步行，一边唱这曲歌。我年纪最小，嗓子最高，总是唱高音部；另外几个同学唱中音部和次中音部。这比较在音乐教室里唱畅快得多。因为面对着实景，唱出来的个个字都不落空，都有印证；有时唱到"又钟声林外起"，正好远远地飘来一声晚钟。这样，艺术美和自然美互相衬托，互相掩映，就觉得这曲歌越唱越好听，这西湖越看越妩媚。现在回想，这时候我真是十足地欣赏了西湖的美。

然而这十足的欣赏到后来就打折扣。李先生出家后不久，我结束了学生时代，开始奔走衣食。那时候我游玩西湖，不再一边步行一边唱歌；大都是陪着三朋四友、乘车、坐船、品茗、饮酒。西湖的妩媚固然依旧，然而妩媚之中有一种人造的缺陷，常常侵扰我的观感，伤害我的心情，使西湖的美大为减色，使我的游兴大打折扣。这人造的缺陷就在于人事上：

游西湖最主要的交通工具是游船，即杭州人所谓“划子”。这种划子一向入诗、入词、入画，真是风雅不过的东西；红尘万丈的都市里来的人坐在这种划子里荡漾湖中，其有“春水船如天上坐”的胜概。于是划划子的人就奇货可居，即杭州人所谓刨“黄瓜儿”。你要坐划子游西湖，先得鼓起勇气来，同划划子的人们作一场斗争，然后怀着余怒坐到划子里去“欣赏”西湖景致。照例是在各名胜古迹地点停船：平湖秋月、中山公园、西泠印社、岳坟、三潭印月、雷峰夕照、刘庄、汪庄……这些名胜古迹的确是环肥燕瘦，各有其美；然而往往不能畅游，不能放心地欣赏。因为这些地方的管理者都特别“客气”，一看到游客，立刻端出茶盘来；倘使看到派头阔绰的游客，就端出果盒来。这种盛情，最初领受一二，也还可以；然而再而三，三而四，甚至而五，而六，而七……游客便受宠若惊，看见茶盘连忙逃走，不管后面传来奚落的、讥讽的叫声。若是陪着老年人游玩，处处要坐下来休息，而且逃不快，那就是他们所最欢迎的游客了。我在这些时候往往联想起上海西藏路一带夜间行人的遭遇，虽然这比拟不免唐突了些。

游西湖要会斗争，会逃走——这是我数十年来的宝贵经验。直到最近几年，新中国成立后几年，这宝贵经验忽然失去效用。有一年我到杭州，突然觉得西湖有些异样：湖滨栏杆旁边那些馋涎欲滴的划子手忽然不见了，讨价还价的斗争也没有了，只看见秩序井然的卖票处和和颜悦色的舟子。名胜古迹中逐人的茶盘也不见了，到处明山秀水，任你逍遥盘桓。这时候我才重新看到少年时代所见的十足美丽的西湖；不，少年时代我还不是斗争的对象，还没有逃走的资格，看不到这种人造的缺陷，只觉得山水的妩媚，这是片面的观感，不足为凭。现在所看到的，才真是十足美丽的西湖了。

“西子蒙不洁，则人皆掩鼻而过之。”新中国成立前数十年间，我每逢游湖，就想起这两句话，路过湖滨的船埠头，那种乌烟瘴气竟可使我“掩鼻”。新中国成立之后，西子“斋戒沐浴”’过了。“大好湖山如此”，不但“独擅天然美”，又独擅了“人事美”。现在唱起这歌曲来，真可感到十足的畅快了。李先生的灵骨，前年由我们安葬在虎跑寺后面山坡上的石塔下。往生西方的李先生如果有时也回到虎跑来，看到这“大好湖山”现在已经“如此”，一定欢喜赞叹！

一九五六年八月廿二日作于上海

黄山印象

看山，普通总是仰起头来看的。然而黄山不同，常常要低头去看。因为黄山是群山，登上一个高峰，就可俯瞰群山。这叫人想起杜甫的诗句“会当凌绝顶，一览众山小！”而精神为之兴奋，胸襟为之开朗。我在黄山盘桓了十多天，登过紫云峰、立马峰、天都峰、玉屏峰、光明顶、狮子林、眉毛峰等山，常常爬到绝顶，有如苏东坡游赤壁的“履巉岩，披蒙茸，踞虎豹，登虬龙，攀栖鹘之危巢，俯冯夷之幽宫”。

在黄山中，不但要低头看山，还要面面看山。因为方向一改变，山的样子就不同，有时竟完全两样。例如从玉屏峰望天都峰，看见旁边一个峰顶上有一块石头很像一只松鼠，正在向天都峰跳过去的样子。这景致就叫“松鼠跳天都”。然而爬到天都峰上望去，这松鼠却变成了一双鞋子。又如手掌峰，从某角度望去竟像一个手掌，五根手指很分明。然而峰回路转，这手掌就变成了一个拳头。其他如“罗汉拜观音”“仙人下棋”“喜鹊登梅”“梦笔生花”“鳌鱼驮金龟”等景致，也都随时改样，变幻

无定。如果我是个好事者，不难替这些石山新造出几十个名目来，让导游人增加些讲解资料。然而我没有这种雅兴，却听到别人新起了两个很好的名目：有一次我们从西海门凭栏俯瞰，但见无数石山拔地而起，真像万笏朝天；其中有一个石山由许多方形石块堆积起来，竟同玩具中的积木一样，使人不相信是天生的，而疑心是人工的。导游人告诉我：有一个上海来的游客，替这石山起个名目，叫作“国际饭店”。我一看，果然很像上海南京路上的国际饭店。有人说这名目太俗气，欠古雅。我却觉得有一种现实的美感，比古雅更美。又有一次，我们登光明顶，望见东海（这海是指云海）上有一个高峰，腰间有一个缺口，缺口里有一块石头，很像一只蹲着的青蛙。气象台里有一个青年工作人员告诉我：他们自己替这景致起一个名目，叫作“青蛙跳东海”。我一看，果然很像一只青蛙将要跳到东海里去的样子。这名目起得很适当。

翻山过岭了好几天，最后逶迤下山，到云谷寺投宿。这云谷寺位在群山之间的一个谷中。由此再爬过一个眉毛峰，就可以回到黄山宾馆而结束游程了。我这天傍晚到达了云谷寺，发生了一种特殊的感觉，觉得心情和过去几天完全不同。起初想不出其所以然，后来仔细探索，方才明白原因：原来云谷寺位在较低的山谷中，开门见山，而这山高得很，用“万丈”“插云”等语来形容似乎还嫌不够，简直可用“凌霄”“通天”等字眼。因此我看山必须仰起头来。古语云“高山仰止”，可见仰起头来看山是正常的，而低下头去看山是异常的。我一到云谷寺就发生一种特殊的感觉，便是因为在好几天异常之后突然恢复正常的缘故。这时候我觉得异常固然可喜，但是正常更为可爱。我躺在云谷寺宿舍门前的藤椅里，卧看山景，但见一向异常地躺在我脚下的白云，现在正常地浮在我头上了，觉得很自然。它们无心出岫，随意来往；有时冉冉而降，似乎要闯进寺里来访问我的样子。我便想起某古人的诗句："白云无事常来往，莫怪山僧不送迎。"好诗句啊！然而叫我做这山僧，一定闭门不纳，因为白云这东西是很潮湿的。

此外也许还有一个原因：云谷寺是旧式房子，三开间的楼屋，我们住在楼下左右两间里，中央一间作为客堂；廊下很宽，布设桌椅，可以随意起卧，品茗谈话，饮酒看山，比过去所住的文殊院、北海宾馆、黄山宾馆趣味好得多。文殊院是石造二层楼屋，房间像轮船里的房舱或火车里的卧车：约一方丈大小的房间，中央开门，左右两床相对，中间靠窗设一小桌，每间都是如此。北海宾馆建筑宏壮，房间较大，但也是集体宿舍式的：中央一条走廊，两旁两排房间，间间相似。黄山宾馆建筑尤为富丽堂皇，同上海的国际饭店、锦江饭店等差不多。两宾馆都有同上海一样的卫生设备。这些房屋居住固然舒服，然而太刻板，太洋化；住得长久了，觉得仿佛关在笼子里。云谷寺就没有这种感觉，不像旅馆，却像人家家里，有亲切温暖之感和自然之趣。因此我一到云谷寺就发生一种特殊的感觉。云谷寺倘能添置卫生设备，采用些西式建筑的优点：两宾馆的建筑倘能采用中国方式，而加西洋设备，使外为中用，那才是我所理想的旅舍了。

这又使我回想起杭州的一家西菜馆的事，附说在此：此次我游黄山，道经杭州，曾经到一个西菜馆里去吃一餐午饭。这菜馆采用西式的分食办法，但不用刀叉而用中国的筷子。这办法好极了。原来中国的合食是不好的办法，各人的唾液都可能由筷子带进菜碗里，拌匀了请大家吃。西洋的分食办法就没有这弊端，很应该采用。然而西洋的刀叉，中国人实在用不惯，我还是用筷子便当。这西菜馆能采取中西之长，创造新办法，非常合理，很可赞佩。当时我看见座上多半是农民，就恍然大悟：农民最不惯用刀叉，这合理的新办法显然是农民教他们创造的。

一九六一年五月二十日于上海

乘火车

以前我乘火车时欢喜带一册书,坐在车厢里阅读。后来不带书了,袖手坐着,旁观车厢里的动静——这是一部活的书,比纸印的书生动得多,精彩得多,真是耐人寻味,百读不厌的!

不说拥挤扰攘或发生事件,但看车厢里各人的座位,已够耐人寻味了。同是买一张车票的,有的老实不客气地躺着,一人占有三四人的座位。看见找寻座位的人来了。把头向着里,假作鼾声;或者叹一口气,装作病人;或者举手指点那边,毅然决然地说:"前面很空,前面很空!"谦逊老实和善的乡村人,大概会听信他的话,或者被他的辉煌的服装和神气活现的态度所吓倒,而让他安睡,背着很重的行李向他所指点的前面去另找"很空"的座位。

有的人让自己的行李分占了自己左右的两个座位,当作自己的侍卫。这行李若是方皮箱,又可当作自己的茶几。看见找座位的人来了,拼命埋头看报,装作不见。倘对方不客气地向他提出:"对不起,先生!请你的箱子放在上面了,大家坐坐!"他会抗议指着别处说:"那边也好坐,你为什么一定要坐在这里?"说过管自埋头看报。谦逊老实和平的乡村人,大概会被他的神气和理论所吓退,让他坐在侍卫中间看报,而抱着孩子向他所指点的那边去另找"好坐"的位置。

有的人没有行李可做侍卫，便把身子扭转来，让一个屁股和一段大腿占据了两个人的座位，而悠闲地对着窗外风景吸烟。在可坐三人的长椅上，他把大乌龟壳似的一个背脊向着坐在靠外口的邻人，而用一段大腿来占据靠窗口的座位。这段大腿的上面的空间，完全归他所有。他可在这空间中从容地吸烟，看报。逢到找寻座位的人来了，他把报纸堆在大腿上，把头钻出窗外，出神地看风景。怕交涉爱和平的好人知道这人讨厌，懒得同他争座位，大概也就让他占双份，而向别处去找座位了。

还有一种人，不取大腿策略，而用帽子之类的东西放在隔壁的座位上。找座位的人倘来请他把东西拿开，他就回答他说“这里有人”。正直善良的人大概会听信他的诳语，而扶着老年人到别处去另找座位。

这些找位置的人，大都是好人；“好人”形似“弱者”，弱者一定吃亏，故好人在“与人争席”这一点上是吃亏的。倘使找位置的人是强者，那么车厢里就要演出种种丑剧来了。有的强者遇到躺着的人，定要他坐起来。躺的人说“前面很空”，他说“前面很空我不要坐，我偏要坐这椅子！”“这椅子上的空位大家坐得的！”于是两人闹起来。这强者倘遇到把行李做侍卫的人，定要他把行李放到高头去。带侍卫的人说“那边也好坐，你为什么一定要坐在这里？”他说“我看中这位置！”“你的行李应该放高头！”“你买几张票？”于是两个人闹起来。这强者倘遇到大腿政策的人，定要他坐正来，把腿放下去。如果那人不肯，这强者就用武力扳板他转来，骂他“没有礼貌”“不守公德”！骂得他非让位不可。于是两人闹起来。这强者倘遇到帽子政策的人，定要他把帽子拿开。如果那人说“这里有人”，他就用狡猾的语调说“他来时我让他”！这强者不用硬工而用软工。这幕剧就不是武戏而是文戏，更加耐人寻味了。这时候，我就要秘密注意这戏的进行，目不转睛地看它的后半。结果大都是说谎的人失败，没精打采地把帽子拿开，让他坐下。到了证实并没有人的时候他只得腼颜地默认了自己的说谎。而那个人呢，意气轩昂地左顾右盼，仿佛在说：“你想骗我？老子不上你当！如今看你怎样！”总之，不论文武，结果总是侵占者失败，而强者胜利。往往演过武戏之后，失败者怒容满面地同他的敌人并着。他的敌人呢，得意扬扬地坐在刚才同他闹翻过的人的身旁。我看了这两个人，禁不住要笑出来。这两只脸孔的表情，大可写入漫画。

可怜的是找位置受骗或被拒绝而终于找不到的人。有的把行李放在车厢中央的通路上，别人坐的椅子旁边，当凳子坐。有的抱了小孩，扶了老人，站在WC的门口。查票的来了，往往不涉躺着的人，放行李在椅子上的人，用大腿或帽子占座位的人。却埋怨坐在通路上，站在WC门口的人，嫌他们妨碍交通，“骂脱两声”。

我觉得这是人类社会的缩图。故我乘火车时不必带书，袖手坐着，旁观车厢里争席的情状，已足够寻味了。

课本里的作家

序号	作家	作品	年级
1	金　波	金波经典美文：第一辑 树与喜鹊	一年级
2	金　波	金波经典美文：第二辑 阳光	
3	金　波	金波经典美文：第三辑 雨点儿	
4	金　波	金波经典美文：第四辑 一起长大的玩具	
5	夏辇生	雷宝宝敲天鼓	
6	夏辇生	妈妈，我爱您	
7	叶圣陶	小小的船	
8	张秋生	来自大自然的歌	
9	薛卫民	有鸟窝的树	
10	樊发稼	说话	
11	圣　野	太阳公公，你早！	
12	程宏明	比尾巴	
13	柯　岩	春天的消息	
14	窦　植	香水姑娘	
15	胡木仁	会走的鸟窝	
16	胡木仁	小鸟的家	
17	胡木仁	绿色娃娃	
18	金　波	金波经典童话：沙滩上的童话	二年级
19	高洪波	高洪波诗歌：彩色的梦	
20	冰　波	孤独的小螃蟹	
21	冰　波	企鹅寄冰·大象的耳朵	
22	张秋生	妈妈睡了·称赞	
23	孙幼军	小柳树和小枣树	
24	吴　然	吴然精选集：五彩路	三年级
25	叶圣陶	荷花·爬山虎的脚	
26	张秋生	铺满金色巴掌的水泥道	
27	王一梅	书本里的蚂蚁	
28	张继楼	童年七彩水墨画	

序号	作家	作品	年级
29	张之路	影子	三年级
30	曹文轩	曹文轩经典小说：芦花鞋	四年级
31	高洪波	高洪波精选集：陀螺	
32	吴　然	吴然精选集：珍珠雨	
33	叶君健	海的女儿	
34	茅　盾	天窗	
35	梁晓声	慈母情深	五年级
36	陈慧瑛	美丽的足迹	
37	丰子恺	沙坪小屋的鹅	
38	郭沫若	向着乐园前进	
39	叶文玲	我的“长生果”	
40	金　波	金波诗歌：我们去看海	六年级
41	肖复兴	肖复兴精选集：阳光的两种用法	
42	臧克家	有的人——臧克家诗歌精粹	
43	梁　衡	遥远的美丽	
44	臧克家	说和做——臧克家散文精粹	七年级
45	郭沫若	煤中炉·太阳礼赞	
46	贺敬之	回延安	八年级
47	刘成章	刘成章散文集：安塞腰鼓	
48	叶圣陶	苏州园林	
49	茅　盾	白杨礼赞	
50	严文井	永久的生命	
51	吴伯箫	吴伯箫散文选：记一辆纺车	
52	梁　衡	母亲石	
53	汪曾祺	昆明的雨	
54	曹文轩	曹文轩经典小说：孤独之旅	九年级
55	艾　青	我爱这土地	
56	卞之琳	断章	
57	梁实秋	记梁任公先生的一次演讲	高中
58	艾　青	大堰河——我的保姆	
59	郭沫若	立在地球边上放号